子どもの
感情コントロールと
心理臨床

大河原美以
mii okawara

日本評論社

CONTENTS

はじめに ……………………………………………………………… 1

1．子どもの感情コントロールの育ちと親子のSOS　1
2．「感情制御の発達不全」という課題　2
3．心の傷と脳機能の問題が明らかになってきた時代に　4
4．専門家に向けて　6
5．本書の構成　8

第1章 感情制御の発達不全とは ……………………………… 11

1．「子どもが困ったときに親を見ると安心する」という関係性　11
2．環境に適応するために発達する脳　12
3．脳の構造と感情制御のメカニズム　13
4．トラウマ反応と感情制御　19
5．感情制御の発達不全モデル　20
6．母子の脳機能と愛着システム　22
7．ネガティヴ感情の社会化の困難　25
8．日本特有の問題——負情動・身体感覚の否定による制御　27
9．日本人の親子関係と自我境界　31
10．解離様式による適応　34
11．Affect Phobiaの世代間連鎖　37

児童精神科医からの一言①暴力は薬物療法でおさまるのか　40

児童精神科医からの一言②子どもへの投薬の原則——成長と社会参加の保障　41

第2章　3歳までの子育てにおける困難 ……………………………… 42

1．母性というもの　42
2．母子のボンドと愛着のシステム　43
3．子に泣かれると負情動がこみあげてくる母の困難　45
4．親自身の生い立ちの記憶　46
5．妊娠・出産をめぐる傷つき　49
6．授乳と卒乳をめぐって　53
7．乳幼児期のしつけ　56
8．トイレットトレーニングをめぐって　60
9．泣かないで言うことを聞く「よい子」にすることの危険性　62
10．IT化時代だからこそアナログ子育ての重要性　65

児童精神科医からの一言③「薬はいつまで続けるもの？」という素朴な疑問　68

児童精神科医からの一言④よい精神科医とは　69

第3章　児童期以降に生じる困難 ……………………………………… 70

1．感情制御の育ちの困難につながる不利な条件　70
2．「発達障害」と「発達障害様症状」　73
3．解離様式で適応する子どもたちの姿　77
4．感情制御困難と「かんしゃく」　81
5．いじめの加害と被害　82
6．「自作自演」の問題　89
7．学業不振の問題　91
8．不登校という問題　93
9．思春期と依存の問題　99
10．恋愛とその逸脱をめぐる問題　101

児童精神科医からの一言⑤精神科医療における基本的な薬の知識　　104

児童精神科医からの一言⑥「おちつきのない子」とAD/HDの治療薬　　105

第4章　児童期以降の親子関係における困難　　107

1．母子関係の発達と家族関係　　107
2．親としてのアイデンティティ　　109
3．思春期のしつけ　　111
4．高校生の恋愛と親子関係　　114
5．夫婦の関係性と子の感情制御の育ち　　117
6．親の愛情と「学校への苦情」の問題　　119
7．解離を促進するダブルバインドのコミュニケーション　　120

児童精神科医からの一言⑦子どもの「睡眠障害」と薬物療法　　124

児童精神科医からの一言⑧症状安定期における薬の副作用の見分け方　　125

第5章　見立てと援助の方法論　　126

1．エコシステミックに問題を見立てる枠組み　　126
　(1) エコシステミックな見立てモデル　　126
　(2) 典型的な不登校の事例を通して　　129
2．問題増幅システムへの介入の方法論　　138
　(1) 初回面接　　138
　(2) 子どもへの心理治療の導入　　140
　(3) システムズアプローチの方法論と認識論　　144
3．成長発達システムへの介入の方法論　　146
　(1) 身体の安心感を獲得させる方法　　146
　(2) 記憶情報の再処理——EMDRセラピーという方法論　　151
　(3) 脳の働きのバランスを整える——ブレインジムという方法論　　158
　(4) セラピーの中での攻撃性の扱いをめぐって　　161
　(5) その他の方法論　　164

児童精神科医からの一言⑨DSM-5やICD-10などの「診断基準」と
　　　　　　　　　　　精神科医の「診断」　166

児童精神科医からの一言⑩子どもの診断で誤診が多いのはなぜか　168

児童精神科医からの一言⑪カルテに記載される診断名と医療保険制度　170

第6章　事例を通して——親の苦悩と覚悟と愛情、そして子の成長 …………172

1．学校できれて暴れてしまう小学生の2事例　172
　(1) 小学1年生ゆうたの事例　172
　(2) 小学3年生たくみの事例　180
　(3) 2事例の比較から　185

2．「盗み」を主訴とした小学生の2事例　186
　(1) 小学5年生ふじ子の事例　186
　(2) 小学4年生とも子の事例　190
　(3) 2事例の比較から　194

3．複雑性トラウマとしての思春期の「不登校」の2事例　195
　(1) 中学3年生みどりの事例　195
　(2) 19歳さちこの事例　200
　(3) 2事例を通して　205

児童精神科医からの一言⑫事例「たくみ」の薬物療法に関する解説　207

児童精神科医からの一言⑬事例「みどり」の薬物療法に関する解説　209

児童精神科医からの一言⑭経歴と臨床医としての背景　210

あとがき …………………………………………………………………213

引用文献　219
家族療法の参考文献　224

子どもの感情コントロールと心理臨床

はじめに

1．子どもの感情コントロールの育ちと親子のSOS

「子ども」とは、脳がまだ発達途上にある存在だということを意味している。脳は、生き延びる方向にその発達のベクトルを定められているので、子どもは常に生きようとしている。

たとえ、不登校になって、寝てばかりいて、引きこもってしまっても……いじめや万引きなどの問題行動を起こしていたり、いやな気持ちを抑えること（＝感情コントロール）ができなくて暴れまくっていたりしても……子どもの脳は、常に生きようとして格闘している。今生きている環境において、生き延びるためにはそうせざるをえないという中で、子どもの問題行動や心理的問題は生じるのである。

子どもが育つ環境とは何か？　心の育ちにおいて重要な環境とは、コミュニケーションや相互作用などの大人との関係性そのものを意味している。子どもの脳は、環境との相互作用の中で発達する。そして、子どもの感情コントロールの力は、自分の感情を大人がどう評価するのかという相互作用の中で発達する。

多くの一般の人は、子どもが抱えている不安を「不安じゃないよ」と否定してあげることが、「不安じゃなくなる」ために役立つと思いこんでいる。「恐くない」「痛くない」「いやじゃない」「たいしたことじゃない」「寂しくない」という意味での「大丈夫！」。しかし、これは大きな間違いである。

この大きな誤解が、感情コントロールの力（＝いやな気持ちを抱える力）

の発達を阻害し、不安や恐怖や怒りに押しつぶされたり、あるいは不安や恐怖や怒りと向き合うことを回避したりするスタンスを固着させて、本当の意味での自信と主体性をもつことができない青年たちを生み出している。

そのような状況で育った人が親になったとき、不安や恐怖や怒りを表出して泣きぐずる子を前にすると、混乱と困惑に陥り、親としてうまく機能することができなくなってしまう。その結果、子どもの基本的な感情コントロールの育ちに困難が生じるという悪循環が世代間で繰り返されてしまう。

そして学校は、おちつきのない子どもたちの増加と子育て不安を抱えて苦しむ保護者を前にして、授業以外に処理しなければならない多くの困難を抱え、学力低下・学力格差という問題が助長されるにいたっている。社会人においては、偏差値に反映される学力と、社会の中で仕事をするうえで必要とされる「総合的な知力」との間の深刻な乖離が問題になっているのではないだろうか。

2.「感情制御の発達不全」という課題

子どもの心理的問題の表現型としてはさまざまなものがあるが、子どもの心が健全に育つための基本は1つに集約できる。それは、「不快感情(不安・恐怖・怒り・悲しみなど)を安全に抱える力」を獲得できているかどうか、という点である。そして、それは「子どもが困ったときに親を見ると安心する」という関係性の中で育つ力である。子どもの心理的問題の回復を可能にするためには、この関係性の回復が必須である。

私は、「不快感情を安全に抱える力」を獲得できない育ちのあり様を「感情制御の発達不全」と名づけてきた。「不全」と表現しているのは、回復が可能だからである。

近年日本では、感情制御(＝感情コントロール)できない状態にある子は、「発達障害」という認識・枠組みで処理される傾向がきわめて強くなった。「心配な子は医療へ」という大人の不安を解決するための行動による薬

漬けの問題にも注目する必要がある［注］。

　生来的な発達障害がなくても、乳幼児が不安や恐怖にさらされている状態において「安全な環境」が保障されなければ、脳の統合がスムーズに行われないために、発達障害のような症状を示すようになる。それを「発達障害様症状」という。保育園・幼稚園では「気になる子」と言われることも多い。このような子どもたちはその状態像から、「反応性愛着障害（DSM-Ⅳ）(DSM-5)」「脱抑制型対人交流障害（DSM-5）」と診断されることもあるが、いわゆる「愛着障害」とは「親子の愛着の関係に困難を抱えていることにより、問題行動が生じている」ということを意味するものであり、回復できない障害や病気を意味するものではない。それは、親子の愛着関係（＝子どもが困ったときに親を見ると安心する関係）の回復を必要としているということを意味するにすぎない。

　生来的に発達障害をもっている子どもが、本書で述べていく感情制御の発達不全に陥っているとしたら、もともとの発達障害の特性がさらに増幅されて、とても深刻な状況になる。しかし、「困ったときに親を見ると安心する」という関係性の中で育った発達障害の子どもは、障害特性を抱えていながらも、社会適応できるように育つのである。

　感情制御の力（＝いやな気持ち・不快感情を安全に抱える力）の育ちの問題は、きれやすいということだけに関わる問題ではない。いじめ、自殺企図、不登校、心身症、リストカット、依存・嗜癖の問題（ネット依存・ゲーム依存・薬物依存など）、そして青年期以降の複雑性トラウマ等と深く関わる問題である。子どもの感情制御の発達不全は、親子関係の課題であり、親子のSOSのシグナルなのである。親も昔は子どもだったのだから、世代を超えて連鎖する苦悩の中で、親をどう支援できるのか──援助者には今、その力量が問われている。

　［注］NHKクローズアップ現代「"薬漬け"になりたくない〜向精神薬をのむ子ども〜」（2012年6月13日放送）参考。
　http://www.nhk.or.jp/gendai/kiroku/detail02_3213_all.html

3. 心の傷と脳機能の問題が明らかになってきた時代に

　本書は私が、記憶の処理と脳機能に関するAIPモデル（Accelerated Information Processing：適応的情報処理モデル）(Shapiro, F., 2001；Leeds, A., 2009) の立場から、臨床実践を重ねてきた中で明らかになってきた実践知を言葉にしたものである。第5章で詳細に述べるが、AIPモデルはEMDRセラピーという心理治療の方法論の基盤にある考え方であり、この20年の間に多くの実証研究が積み重ねられてきた。傷ついた記憶の情報処理と脳機能についての研究は、生死に関わるようなトラウマ体験の記憶だけではなく、マイナートラウマと言われるような日常生活の中にある不快体験であっても、解離というメカニズムを通して複雑性トラウマを形成し、のちの人生に重大な影響を与えるプロセスとその理由を明らかにしてきた (Van der Hart, O., Nijenhuis, E., Steele, K., & Brown, D., 2004；Nijenhuis, E., Van der Hart, O., & Steele, K., 2010)。本書で使用する「トラウマ」という言葉は、マイナートラウマも含むものである。

　アメリカでは、ACE研究（The Adverse Childhood Experiences Study：子ども時代の不遇な経験に関する研究）の結果が重視されている。ACE研究とは、アメリカの1万7000人以上のデータに基づく、子ども時代の不遇な経験が大人になってからの生活にどのような影響をもたらしているのかに関する大規模な実証研究である (http://acestudy.org/)。調査の結果、子ども時代の不遇な経験は、脳の神経的な発達を阻害するため、育ちのプロセスの中で社会的・情緒的・認知的な困難を生み、健康を害する行動（アルコール・薬物・タバコなどへの依存、肥満など）へと導き、病気や障害や社会的問題を抱えるにいたり、早期の死亡の確率を高めているという (Felitti, V.J., & Anda, R.F., 2010)。この実証研究の結果は、アメリカ社会においては、成人の医療費の問題という点からも重大な社会問題として認識され、子ども時代のケア、愛着の重要性があらためて脳機能の発達という点から注目されてい

るのである。

　この研究において「子ども時代の不遇な経験」として調査されている項目は、次の10項目である。虐待（①心理的虐待、②身体的虐待、③性的虐待）、ネグレクト（④心理的ネグレクト、⑤身体的ネグレクト）、家族の機能不全（⑥母親の乱暴な養育、⑦家族にアルコールや薬物依存などの問題がある、⑧家族に精神的な問題を抱えた人がいる、⑨実父母との分離や離婚、⑩家族に犯罪者がいる）。これらの項目にあてはまる経験をもっている人の場合、日本においても、当然、同様の結果が出るだろう。

　しかし日本においては、のちに心理的影響を与える「子ども時代の不遇な経験」は、上記の10項目のカテゴリーだけではないことに注目しなければならない。日本では、いわゆる「よい子」という形で幼少期大事に育てられてきたはずの子どもたちが、ひきこもり、解離し、攻撃的になるという問題を考える必要がある。日本は子どもを大切にする国として知られている。幼児をはさんで親子が川の字になって寝るという文化は、ベッドで寝る世代においてもおのずと引き継がれている。日本人の子どもに対する共感性の高さは優れた特性であるのだが、その共感性の高さゆえに、日本特有の問題が生じてしまうことは、以前から指摘されてきたことである（河合、1976；稲村、1980；Zielenziger, M., 2006）。子どもを深く愛しているという関係性の中で、子どもの健全な発達が阻害されてしまうような親子関係のあり方があるということは、きわめて残念なことであり、なんとかしなければならない。

　日本においても、当然のこととしてDSM（精神障害の診断と統計マニュアル）というアメリカ精神医学会による診断基準が用いられているが、島国で単一農耕民族社会であった日本と多民族の移民で構成されているアメリカ社会とでは、他者との関係性のあり方（自我境界のあり方）において多くの差異がある。特に親子関係や乳幼児の領域においては、文化的相違に由来する多くの問題があるということをふまえなければならない［31-34頁参照］。

　本書が示す「感情制御の発達不全」の視点は、日本人の親子関係の中で生じる問題に焦点をあてて、「日常における不快な体験（マイナートラウマ）」

がどのようにして感情制御の脳機能の発達に困難をもたらすのかを明らかにする視点である。それは、症状形成のプロセスモデルであると同時に、治療援助を進めるうえでの青写真でもある。日本の親は子どもを愛しており、本質的な共感性を有している。だから、救える・変われる・援助できると伝えることが本書の目的である。

4．専門家に向けて

　専門家に向けて、類似の概念と「感情制御の発達不全モデル」との関係について解説しておきたい。上述してきたように、感情制御の発達不全モデルは、日本人の育ちと親子関係についてのモデルである。図1は、発達性トラウマ障害 (Van der Kolk, B.A., 2005)、複雑性トラウマ、TSDP (Theory of Structural Dissociation of the Personality：人格の構造的解離理論) と、本書の感情制御の発達不全モデルとの関係を図式化したものである。

　ヴァン・デア・コーク (Van der Kolk, B.A., 2005) は、発達性トラウマ障害の診断基準として、次のA～Dを提案した（白川、2005）。A基準：トラウマ暴露、B基準：トラウマ的な引き金に対して引き起こされる繰り返される調整障害のパターン、C基準：反復されるゆがんだ帰属を予測、D基準：機能不全（教育・家族・仲間・法的・職業的）。本書で詳述する感情制御の発達不全モデルは、D基準に示されている環境要因における機能不全の具体的あり様を示したものにあたる。

　図1の中心を貫く、TSDP (Van der Hart, O., Nijenhuis, E., Steele, K., & Brown, D., 2004；Nijenhuis, E., Van der Hart, O., & Steele, K., 2010) は、幼少期の一次解離が、二次解離の段階を経て、青年期以降の三次解離に発達するにいたるプロセスを明らかにしたモデルである。二次解離には、DESNOS (Disorders of Extreme Stress Not Otherwise Specified：特定不能の極度のストレス障害)、複雑性トラウマ、パーソナリティ障害、DDNOS (Dissociative Disorder Not Otherwise Specified：特定不能の解離性障害) が含まれ、三次解離には

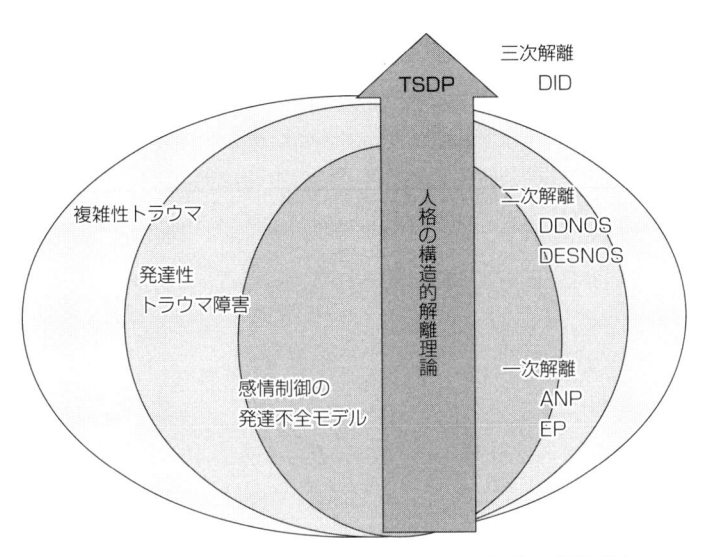

図中テキスト:
- TSDP
- 三次解離 DID
- 二次解離 DDNOS / DESNOS
- 一次解離 ANP / EP
- 人格の構造的解離理論
- 複雑性トラウマ
- 発達性トラウマ障害
- 感情制御の発達不全モデル

図1 「感情制御の発達不全モデル」と類似の概念の位置づけ

DID（Dissociative Identity Disorder：解離性同一性障害）が相当する。TSDPにおいては、一次解離の段階では、EP（Emotional Part of the Personality：感情を担当している部分）とANP（Apparently Normal Part of the Personality：適応的な部分）に解離するということが示されている。EPはネガティヴ・身体的領域を、ANPはポジティヴ・認知的領域を示している。

私が2001年に発表した「解離様式による適応」の図12［35頁］（大河原、2001；2002a；2002b；2004a）は、まさにこのTSDPの一次解離の様相を図にしたものになっている。このように、私がモデル化した日本人の感情制御の発達不全モデルは、世界における概念の発展過程と並行して生まれてきているものである。

リーズとモスケラ（Leeds, A., & Mosquera, D., 2014）は、AIPモデルに基づくEMDR治療における見立ての中で、AIPモデル・愛着システム・TSDPに基づいてクライエントの状態を把握し、治療計画を立てるべきであると述べて

いる。感情制御の発達不全モデルは、AIPモデル・日本人の愛着システム・TSDPを含み、日本の家族と教育環境を前提にモデル化した、治療援助のための青写真である。DESNOSや複雑性トラウマ・パーソナリティ障害、DDNOSおよびDID等の成人の問題を扱っている専門家にとっても、クライエントの子ども時代の症状形成過程を理解するうえで役立つものとなれば幸いである。

5．本書の構成

　本書は、子どもの心理的問題の援助に携わっている人たちに広く読んでいただくことを想定して執筆したものである。以上述べてきたように、本書に示す「感情制御の発達不全モデル」は、心理的問題を理解する枠組みであると同時に、治療援助のための青写真である。「感情制御の発達不全」は、決して病名・障害名ではない。状態を表す言葉であり、その状態が引き起こされるプロセスの全体を示す言葉である。本書を通して、心理職、ソーシャルワーカー、小児科医、児童精神科医、教師、保健師、保育士、子育て支援や放課後の児童支援に携わっている方たちに、子どもの心理的問題がどのように生じ、そしてどのようにして治るのかということの道筋を伝えることを通して、子どもと親の理解に役立てていただけることを願っている。

　本書は、第1章において感情制御の発達不全についての解説を行い、それをさらに詳述する形で、第2〜4章において発達年齢ごとの具体的な子育てについて述べた。第5章は、援助者の視点から子どもの事例をどのように見立て、介入するのかについて解説し、第6章では、典型事例を用いて治療援助の実際について示した。できるだけ平易な言葉で説明することを試みたが、第5章と第6章は、専門家の読者を想定して書いたものであり、ある程度専門的な知識を必要とするものである。読者の立場によって、不必要なところは飛ばしながらも、全体として、何がどのように展開して治るのかということをつかんでいただければと思って記述した。第1章は概論でもあるの

で、読みにくさを感じる方は第2～4章を先に読んでから第1章に戻っていただくとよいかもしれない。

　本書でとりあげている事例は、伝えたいことを伝える目的で、守秘とわかりやすさを優先する観点から創作したものである。

　また、子どもの精神科医療に関して、精神科医の鈴木廣子氏に、「児童精神科医からの一言」という形で執筆していただいた。鈴木廣子氏については210-211頁をご覧いただきたい。

　なお、本書のタイトルは、わかりやすさという点から、「感情コントロール」という表現を使用したが、本文の中の「感情制御」と同意である。

　また、「不快感情」「負情動」「ネガティヴ感情」などの用語については、明確な定義があるわけではないが、本書では次のように文脈に応じて使い分けた。「負情動」は、生体防御反応という脳の機能として生じる感情（辺縁系レベルの感情）を表現するために使用した。負情動が喚起された結果、さらに生じるさまざまな高度な感情（皮質レベルにおける感情）も含めた表現として「不快感情」「ネガティヴ感情」という表現を用いた。より一般的・客観的な表現としては「ネガティヴ感情」を使用し、感情を抱いている主体者の観点から言及する際に「不快感情」を使用した。しかし、これらはそもそも厳密に分類できるものではない。「ネガティヴ感情」と「不快感情」は同義である。英語におけるEmotion（感情）とAffect（情動）の使い方は、原文に沿っている。英語においても、その用語の使い方は著者によるものであり、明確な定義がないということは日本語表現と同じである。

　本書は、母の関わりについての記述が多くなっているが、「親」という言葉で表現している部分は、父親・母親の両方を含むものである。父親・母親の関わりとして共通のものは「親」という表現を用いている。

　本書の記述の背景にある私の著書・論文等はウェブサイト（https://mii-sensei.com）に掲示してあるので、参照いただければと思う。

第1章
感情制御の発達不全とは

1.「子どもが困ったときに親を見ると安心する」という関係性

　「はじめに」で述べたように、子どもの心理的問題の多くは「不快感情を安全に抱える力＝感情制御の力」が育ちそびれていることに起因している。そして、その後の悪循環の中で増幅され、しだいに既存の診断基準にあてはまるような症状を形成していくことになる。
　この「不快感情を安全に抱える力」は、乳幼児期からの親子関係の中ではぐくまれる愛着の関係を基盤として開発される。親子の愛着の関係の中ではぐくまれる基本的な安心・安全の感覚は、その後の人生の中で出会う困難に対する耐性の基盤となるのである。
　親子関係が子どもの心の育ちに深く関係することは、誰もが経験から知っている。だから、完璧な子育てをしなければならないという重圧で、子育てがつらいものになってしまう場合もあるだろう。反対に、親が子育てにストレスを感じるのは当然で、だから親はできるだけ楽に子育てをすればよいという風潮もあり、子育ての責任の重さを回避する傾向が強いのも現代の特徴

だろう。しかし、人間という種においては、子ども時代にきちんと安全な保護が得られないと、進化した脳はきちんとその発達を遂げられないのである。

　私自身、働く母親として子育てをしてきた立場である。子育ての責任を母に押しつけ、母のみが自己犠牲的に子や夫に献身して子育てすべきという立場では毛頭ない。これから述べることは、親子関係の本質についての話であり、それは母が自己実現することと矛盾するものではない。

　親子関係のよしあしは、実は1点に集約される。それは「子どもが困ったときに親の顔を見ると安心する」関係性が構築されているかどうか、ということに尽きる。この関係性の重要性は、乳児から青年にいたるまで一貫している。この関係性がゆるぎないものであれば、子どもは「不快感情を安全に抱える（＝感情制御）」力を身につけて、安定した大人へと成長することができる。ただ、それは「結果」であって、そのプロセスの途上においては、親子は泣いたり、怒ったり、悩んだり、心配したりしながら、互いに育つのである。そういう葛藤しながらの毎日をよしとすることが、子育ての覚悟と言えるだろう。子どもを育てている限り、心配の種は尽きない。問題は、心配や不安・葛藤のないすっきりとした生活をキープしたいと大人が願い、それを実現するために子どもを制御しようとするところから生じてしまう。

　以下に、乳幼児期から青年期にいたるまでの育ちのプロセスを追いながら、子どもが「不快感情を安全に抱えられない＝感情制御の発達不全」状態を獲得してしまう経緯を説明していく。その中で「子どもが困ったときに親の顔を見ると安心する」関係性がどのような役割をもつものなのかを述べていく。

2．環境に適応するために発達する脳

　子どもの発達というのは、ある意味すべて、脳の中の神経回路の情報処理システムが整っていくプロセスということができるだろう。首もすわってい

なかった子がおすわりできるようになり、つかまり立ちをし、はいはいをし、歩くようになるという1年間の身体の発達のプロセスも、それは脳の中で神経回路が開発されて「配線がつながる」かのように、意志と行動との間に情報伝達が可能になったということを意味している。感情制御の機能においても、同様のことが言える。

　子どもの脳は、環境との相互作用の中で発達すると言われている。環境に適応し、生き延びるために、脳は発達するのである。たとえば、暑いときには汗をかく。汗は生理現象であり、体温調整をして身体を安定した状態に維持するために重要な役割を果たしている。乳児を常に冷房の中におき、汗をかかせない環境で育てると汗せんが発達しないので、適度に汗をかかせることが必要だというようなことは、よく育児書にも書いてある。乳児は汗せんがうまく機能していないので、あせもが出やすいが、まったく汗をかかせなければ、さらに発達しなくなってしまう。このように、命を維持するための生体防御反応は、環境との相互作用の中で適応を実現するために発達するのである。

　実は、感情制御の力も、身体の発達とまったく同様に、環境との相互作用の中で発達する。その環境とは、物理的な環境ではなく、子どもの感情に対して大人がどのように反応するかというあり方を意味している。

　一般的には、「我慢しなさい」と大人に言われて、子どもが我慢することによって感情を制御する力が身につくかのように誤解されている。実は、大人が子どもの感情を強い力で制御しようとすればするほど、子どもの脳の感情制御機能は育たなくなってしまう。「他人に制御されている（＝他律）」子どもは、「自分で制御する（＝自律）」力が育たないのである。

3．脳の構造と感情制御のメカニズム

　私たち大人は、できるだけ「いやな気持ち」をもちたくないし、子どもにもいつもにこにこしていてほしいと願っている。だから、不快感情がもつ機

能や役割に目を向けられることはほとんどない。

　しかし、不安・恐怖・痛みなどの基本的な負情動には、命を守るための重要な機能と役割があるのである。この命を守るために必要な負情動を否定されると、怒りを抱えることになる。私たちは、恐怖を感じることができるから、そこから反射的に逃げ、命を守ることができるのである。それは脳の中にプログラミングされている機能である。つまり、不安や恐怖や痛みは、自分が今ストレス状況にあるということを自身に伝える脳の反応であり、理性や認知による判断よりも早く的確に行動するための本能的な能力の源としての機能をもっているのである（LeDoux, J., 1996；Damasio, A., 2003；坂井・久光、2011）。

　だから、生命を守るための生体防御反応である汗を意志の力で止めることができないように、不安や恐怖や痛みも意志の力で止めることはできないものなのである。いじめられているにもかかわらず教室に通い続けているということは、恐怖を恐怖として感じることができない状況に陥っていることを意味している。それは健康を著しく損なう防衛の仕方である。

　はじめに、図2〜図6を示しながら、感情制御の脳に関する基本的な構造を説明する。この図および説明は、脳の専門家ではない心理臨床家である私が、臨床に役立てることができる程度の抽象度でまとめたものであり、参考文献（LeDoux, J., 1996；Damasio, A., 2003；坂井・久光、2011；Bergmann, U., 2012；Shelley, U., 2013）に基づいて、読者の理解を助けるために図式化したもの、臨床家のための最低限の理解であることをあらかじめお断りしておく。トラウマ・虐待・発達障害と脳内の生物学的ストレスシステムに関する詳細は、小野（2014）にまとめられている。

　脳は中心部から外側に向けて三層の構造をなしていると言われている。脳幹部・辺縁系・皮質の三層である。図2は、解剖図をもとに脳の三層構造の位置を示したものである。

　図3に示したように、脳幹部は身体の生命維持に関する仕事を行い、辺縁系は感情や身体を司り、皮質は人間の高度な能力を実現する場所である。図

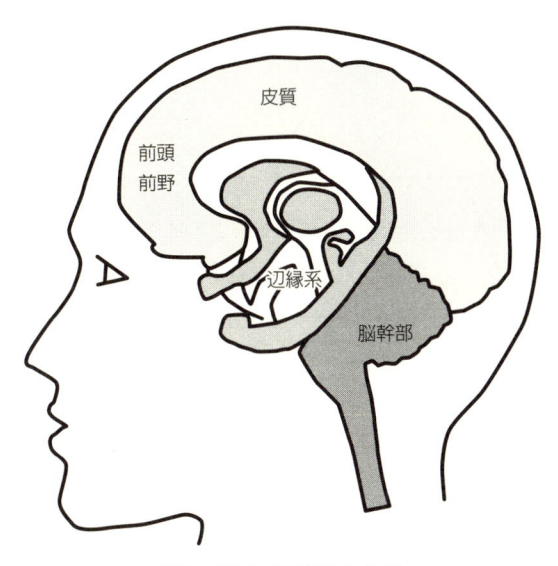

図2 脳の三層構造の位置

3の左側にあるように、脳幹部は爬虫類の脳とも言われ、「満腹であればすやすやと眠り、空腹であればぎゃんぎゃん泣く」乳幼児の姿が脳幹部優位の状態の象徴である。辺縁系は哺乳類の脳とも言われ、「恐い、痛い、いやだ」と身体の欲求のままに行動する子どもの姿が辺縁系優位の状態の象徴である。皮質が人間の脳であり、理性と認知によって判断した行動をとる大人の姿がその象徴である（Shelley, U., 2013）。もちろん人間は、子どもであっても大人であっても、この三層の脳のすべてが連携し、複雑な情報のやりとりを行うことによって生きている。

図3の右側に、体温や心拍の調整など生命維持の基本的な働きから抽象的思考にいたるまでのさまざまな行動を、三層の脳の働きにおおまかに対応させてある（Shelley, U., 2013）。脳幹部・辺縁系の機能は無意識の領域にあり、理性・認知に関わる皮質の働きの一部のみを私たちは意識することができる。

　私たちがなんらかの危険な状況にあるとき、「恐怖」「不安」「痛み」など

図3 脳の三層構造と役割

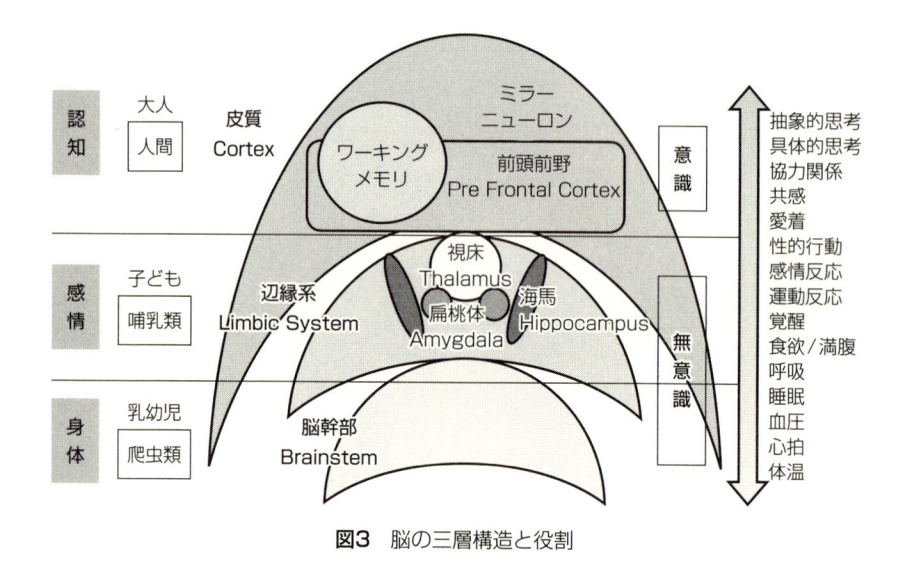

の生体防御反応が生じる。これらは、辺縁系の扁桃体を中心とした領域から生じると言われており、前述したとおり、命を守るためのサインとして重大な役割を担っている。恐怖を感じたとき、この恐怖がどのくらい危険なものであるのかを判断し、行動についての指示を出すのが皮質の前頭前野だと言われている。つまり、感情制御は、辺縁系と前頭前野との間の情報のやりとりによって行われると考えられている（LeDoux, J., 1996；Damasio, A., 2003）。

　図4に示したように、脳の内側にある辺縁系から前頭前野に向けて発せられる情報の方向をボトムアップといい、反対に、前頭前野から辺縁系に向けて発せられる情報の方向をトップダウンという。感情制御の脳の機能とは、このボトムアップとトップダウンの情報のやりとりにおけるバランスのよい発達として理解することができる。この双方向のやりとりを通して、恐怖や不安や痛みを感じているけれども、同時に身体の安心感を引き出すことができているとき、感情は適切に制御されるものと考えられる。

　この安心感は、前述したように、親子の愛着を基本として獲得されるものである。乳幼児期から、安定した親子関係の中で、身体が欲するままに泣

図4 感情制御の脳機能

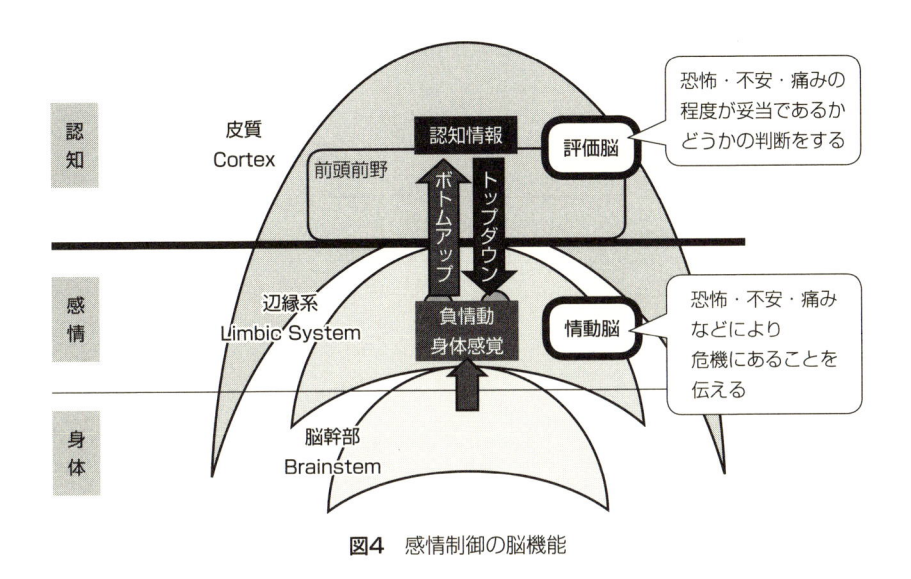

き、抱かれ、安心するという経験を重ねてきた子どもは、感情制御の脳の機能が自然にバランスよく育つ（Lillas, C., & Turnbull, J., 2009）。

　図5に示したとおり、子どもの身体が不安・恐怖を感じたときに、親が抱いて安心・安全を与えることができると、子どもの脳幹部・辺縁系から身体のレベルでの安心感・安全感が喚起される。すると脳は「危機回避」と判断して、負情動は収束するのである。ところが、そこで安心・安全が与えられない場合、図6に示した原始的防衛、Fight/Flight/Freeze（闘争・逃走・固まる）反応が、辺縁系・脳幹部の働きとして生じることになる。これは、命を守るための本能的行動である。図5の反応ができている子どもは「おちついている子」になり、図6の反応に陥っている子どもが「おちつかない子」になる。

　有田・中川（2009）は、神経内の重要な情報伝達の役割を担っている3つの神経伝達物質について、次のように解説している。その3つとは、脳内における危機管理センターのような役割を担うノルアドレナリン神経、報酬を得たときに働く報酬回路を動かしているドーパミン神経、脳全体をコントロ

第1章　感情制御の発達不全とは　17

図5 おちつくプロセス

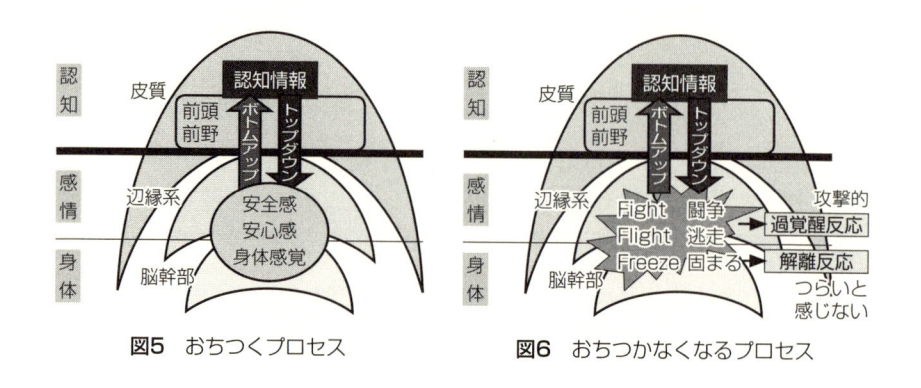

図6 おちつかなくなるプロセス

ールしてバランスを整え、意識や元気のレベルを調整するセロトニン神経である。これらの神経は脳幹・辺縁系・皮質（前頭前野）をつなぎ、複雑なネットワークを構成し、それぞれノルアドレナリン、ドーパミン、セロトニンという神経伝達物質を放出している。ノルアドレナリン神経は、ストレス状況に反応して、「不安・恐怖という感情をもたらし、闘争か逃走かをすばやく決め」「危険を回避する行動を導く」が、ストレスが長期間続いたり強すぎたりする場合には、ノルアドレナリン過剰になり、脳の興奮をコントロールできなくなるという（有田・中川、2009）。また、ドーパミン神経は快（報酬）が得られることにより、さらにドーパミンが分泌されて報酬回路が強化されるが、努力しても報われない状況に陥ると、そのことがストレスになったり、快のみを求める依存の病理につながったりすることも指摘されている。そして、セロトニン神経は、ノルアドレナリン神経の興奮しすぎを鎮め、ドーパミン神経の暴走を食い止めて、心のバランスを保つための役割を果たすという。セロトニンは涙を流すことと触れ合うことで増え、出産直後の母子分離がセロトニンを減少させることなどがわかっているという（有田・中川、2009）。つまり、神経伝達物質の観点からも、泣く子をちゃんと抱きしめることの重要性が裏づけられる。

4．トラウマ反応と感情制御

　私たち大人は、非日常的なトラウマティックストレス場面において、前述したFight/Flight/Freeze（闘争・逃走・固まる）反応というものを経験する。逃走反応とは、危機的な場面で何も考えずに必死に逃げるといった反応である。また、闘争反応が起こっているからこそ、恐怖を感じずに勇敢に人助けができる。固まる反応が起こることで、救出されるまで無駄なエネルギーを消費せずに命をつなぐことができるという場合もあるだろう。Fight/Flight（闘争・逃走）反応は過覚醒反応、Freeze（固まる）反応は一次解離反応とも言われる（図6）。

　トラウマティックストレスとは、非日常的なきわめて強い不快感情が喚起されるような出来事（命の危険を身近に感じるような出来事、強い恐怖や怒りや悲しみのともなう出来事：災害、事件、事故、人権侵害や病気なども含む）であり、その際に生じる一次解離反応も過覚醒反応（Fight/Flight/Freeze反応）も正常反応である。その後、安全が確保されたあとの時間の経緯の中で、自然に非常時の正常反応が解除されていくことにより自然治癒していく。緊急支援における「こころのケア」として臨床心理士が派遣されることは、社会の中で定着してきた。緊急支援では、非常時における反応が正常反応であることを伝え、その正常反応がきちんと自然治癒の流れに乗れるように道筋をつけるということがなされるのが一般的である（福岡県臨床心理士会、2005）。

　しかしながら、数ヵ月経っても、非常時の反応が固着して自然治癒にいたることが困難な場合、PTSD（心的外傷後ストレス障害）の状態に移行していることになる。PTSDの状態においては、トラウマティックストレスを想起させるような刺激に接した際に、その当時の恐怖や不安や怒りや悲しみの感情があふれてくる（フラッシュバック）ので、そのために平常時の行動をとることができなくなるということが起こる。それは治療が必要な状態であ

る。フラッシュバックが起こっている状態は、過覚醒状態（闘争・逃走反応）にあると言える。

5．感情制御の発達不全モデル

　子どもの場合は、日常の中で主観的に不安や恐怖や怒りや悲しみを感じる場面であったとしても、その状況を客観的に把握する能力が未発達なため、それはその瞬間「危機」となる。だから、子どもはすぐに過覚醒になって泣き叫ぶのである。

　子どもは、なんらかの身体の不快を感じると、泣いて知らせる能力を持って生まれてきている。泣くという行為は、不快感情がおさまっていくために必要な行為であって（有田、2007；有田・中川、2009）、泣きやませることが重要なのではなく、安全に泣かせてやることが重要なのである。泣きやむとすっきりするという体験を誰もがもっているはずである。「泣く」という行為そのものが、生理的な安定を導くのである。

　図7に沿って、感情制御の発達不全にいたるプロセスを解説する。泣いたときに、叩かれたり、叱られたり、無視されたりすると（図7-①）、子どもは危機に陥ることになる。これが「虐待」という状況である。乳幼児のSOSに対して適切な保護的対応がなされなければ、脳の中でFight/Flight/Freeze（闘争・逃走・固まる）反応が起こることになる（図7-②）。

　過覚醒反応を起こしている子どもは、きわめて攻撃的、多動の様相を呈し、どうにもおさまらないかんしゃくを起こし、暴言を吐き、パニックになり、逃げまわる。とても扱いにくいので、さらに叱責・体罰を受けることにつながり、親子関係は容易に悪循環を引き起こす（図7-③）。

　一方、一次解離反応を示す子どもは、感情をフリーズさせ、痛くない、恐くない、寂しくないという状態を実現することができる。それは、身体の現実を否定することで、大人に適応することを選択できた状態であり、その結果、大人にほめられる。一次解離反応とは、辺縁系と皮質との情報のやりと

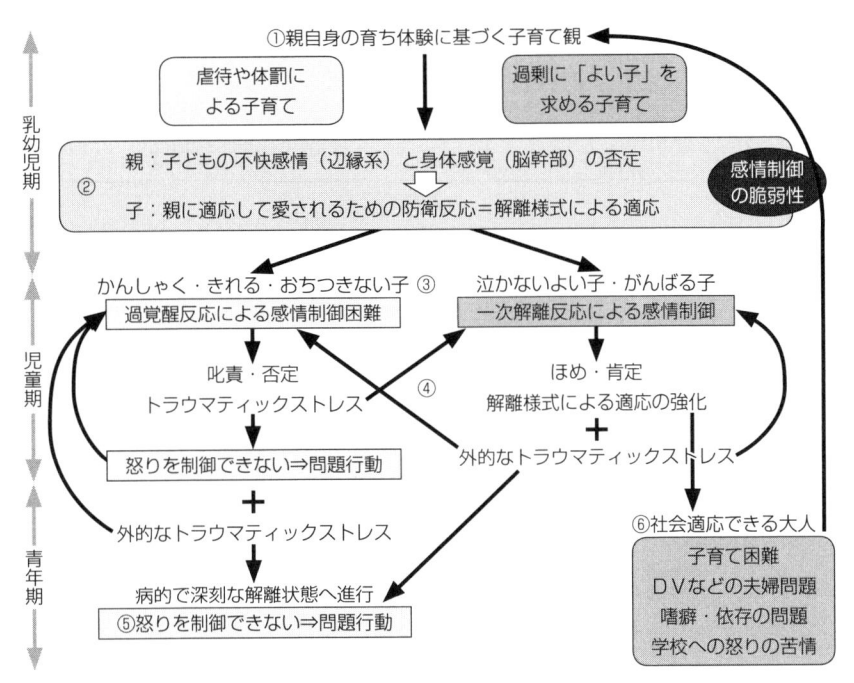

図7 感情制御の発達不全モデル

りが遮断された状態であると言われている（図7-③）。

　一次解離反応と過覚醒反応は表裏の関係にあるので、過覚醒反応を起こしている子どもを叱ると、簡単に一次解離反応に反転し、急に「おりこうさん」とほめられる「よい子」になることが可能である。しかし、解離と過覚醒はさまざまな形で反転を繰り返し、小学生以降の問題へと潜伏していく。解離反応優位で適応する子は過剰感情制御による「よい子」となり、過覚醒反応優位で感情制御困難を示す子は「問題児」となり、それぞれほめと叱責により、その反応は強化されていくのである（図7-④⑤）。

　「はじめに」でアメリカにおけるACE研究（子ども時代の不遇な経験が大人になってからの健康に与える影響についての研究）を紹介した［4-5頁参照］。子ども時代の不遇な経験がその後の人生に大きな影響を与えるの

は、ネガティヴ感情制御の脳の基本的なメカニズムの発達につまずきを抱えるからなのである。0〜2歳までの乳幼児の日常生活の中の不快や恐怖を、保護者が受け止め、和らげる役割をもてない場合には、ストレスに適応するための神経内分泌反応として重要なHPA軸（視床下部−下垂体−副腎軸）が影響を受けるので、「見えないトラウマ（Hidden Trauma）」になると言われている（Schuder, M.R., & Lyons-Ruth, K., 2004）。以下で詳細にこのプロセスを解説する。

6．母子の脳機能と愛着システム

　図7-①②で生じている母子の相互作用を詳細に図式化したものが、図8と図9である。まず、図8から説明する。右側が子どもの脳、左側が母の脳を示している。図8は、健全な愛着システムを、子どもと母の脳の相互作用で示したものである。右下①の子どもの脳幹部・辺縁系を出発点として、以下にその相互作用のプロセスを記述する。

　図8-①子どもの辺縁系において負情動が喚起されると、子は情動性発声（Vocalization＝泣き・ぐずり）によって、母に対してSOSを発する。
　図8-②子どもの泣き声やぐずりは、母の脳幹部・辺縁系における内臓感覚レベルでの共鳴を引き起こす。これが、母子のボンド（生物としての絆）（Klaus, M.H., Kennell, J.H., & Klaus, P.H., 1995）に基づく情動調律（affect attunement）（Stern, D.N., 1985）であると考えられる。
　図8-③内臓感覚による共感に基づき、母は子どもの要求を汲み取り、子どもが求める安心を与えるための体性レベルの行動を起こす。それは、母の皮質領域の仕事である。それにより母は、子どもの負情動を言語化し、抱きしめることを通して、子どもに安心を与える。「よしよしよしよし」「おっぱい欲しかったねぇ」「ねんねしたかったねぇ」など、子どものリズムに合った声かけと行為を自然に無意識に行うことができる。

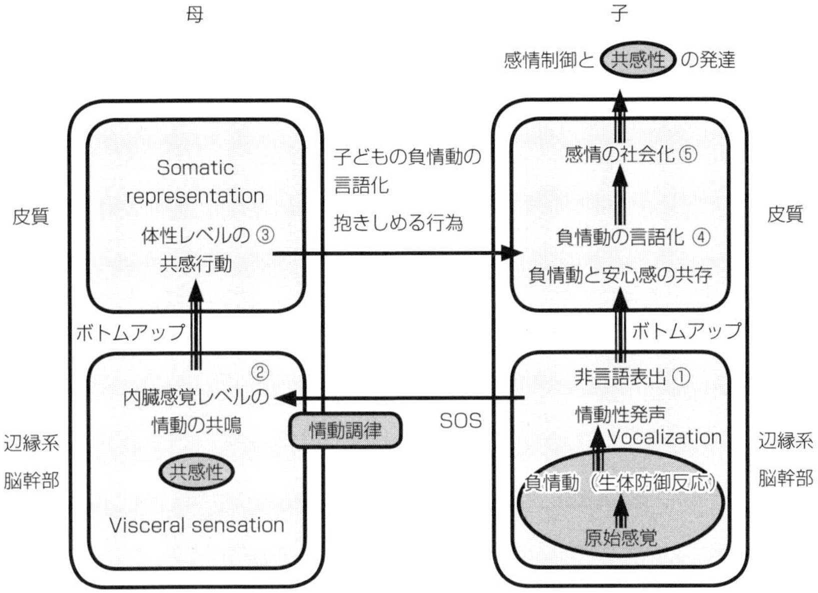

図8 健全な愛着システムモデル

　図8-④子どもの脳の中には痛みや不快を和らげる鎮静物質などが分泌され、安心によって負情動を制御した状態が出現する。
　図8-⑤子どもの皮質領域においては、負情動が言語化されることにより感情が社会化されるプロセスが進む。このような安定した愛着システムの中で、子のネガティヴ感情は自身に統合され、発達年齢に即した感情制御の力を獲得し、他者への共感性も発達するものと考えられる。

　一方、図9は愛着システム不全の状態を図式化したものである。このモデルでは、子どもの泣き・ぐずりを聞くと、母の辺縁系から負情動が喚起されてしまうところに注目している。

　図9-①子から生体防御反応としての負情動が発せられる。
　図9-②子の泣き・ぐずりの声を聞くと、母の内臓感覚に不快が生じ、

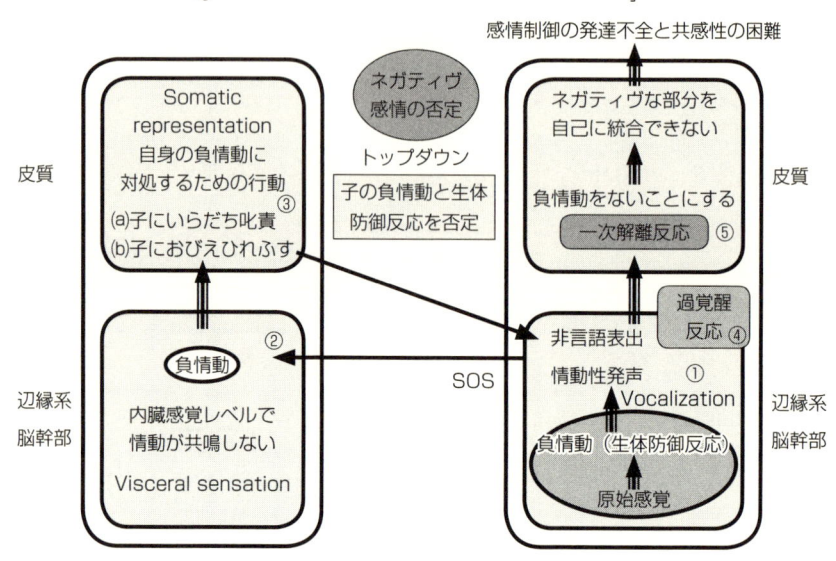

図9 愛着システム不全状態モデル

母自身に負情動が喚起されてしまう。そのため、子のSOSの訴えに対して適切な情動調律が行われない。

図9-③母は自身の辺縁系を支配している負情動を制御するために必要な行動をとる。臨床経験からは、そこで異なる2つの行動パターンが選択されると考えられる。1つは、子の泣き声にいらだち、子に叱責を与えるパターン(a)、もう1つは、子の泣き声におびえ、泣きやませるために子にひれふしてしまうパターン(b)である。いずれにしても、それらの関わりは、生体防御反応としての子の負情動表出を否定しているという点で共通している。

図9-④子の生体防御反応としての負情動が否定されるので、子は危機に陥り、過覚醒反応が生じる。

図9-⑤過覚醒反応がエスカレートすると、一次解離反応に転じることで適応するという防衛反応に導かれることになる。それにより、ないこと

にされた負情動は自己に統合されず、感情制御の発達不全状態を示すことになる。

　このように、子の生体防御反応としての負情動は、トップダウン方向からの否定により認知的に制御されることになる。つまり「泣いてはいけない」「ぐずってはいけない」という制御である。それにより、ボトムアップ制御の機能が育ちそびれることが、感情制御に関する脳基盤の脆弱性を形成するのではないか、という仮説が提示できる。ボトムアップ制御の機能とは、安心感・安全感が保障されることにより負情動がおのずとおさまっていく機能を指している。これまでの愛着研究の多くが、子どもの側の愛着行動を対象としてきたものであったのに対して、この仮説では、愛着システムとしての母子相互作用に着目し、母の側に生じる負情動に注目している点に特徴がある。
　子どもの泣き・ぐずりを聞いたときに、なぜ母に負情動が喚起されるのか――そのメカニズムについては第2章で具体的に詳述するが、そこにあるのは世代間連鎖の問題である。世代間連鎖とは、自分が育ったプロセスが次世代を育てる際に再現されるという問題である。

7．ネガティヴ感情の社会化の困難

　子どもが、自分が体験した感情を言葉で表現することができるようになるプロセスを「感情の社会化」という。それは、次に示すような大人とのコミュニケーションにより実現していくものである。
　2歳くらいの子どもを、ブランコに乗せてうしろから押してあげると、きゃっきゃっと大喜びする。風が気持ちよくて、お空が揺れて、ふわふわした気分で大喜び。そんなとき、親は自然に「うれしいねぇ」「楽しいねぇ」と声をかける。ここでは、子どもの身体の中を流れている喜びのエネルギーを、親が感じ取って、それを言葉にして返すという相互作用が自然に営まれ

ている。

　このようなコミュニケーションを通して、子どもは自分の身体の中を流れているエネルギーとしての身体感覚と「うれしい」「楽しい」という言葉（記号）が結びつくという学習をしていることになる。感情は、身体の中を流れる混沌としたエネルギーにすぎないが、言葉と結びつくことによって、他者にそれを伝えることができるものになる。これを「感情の社会化」という。

　しかしながら、怒っている、悲しい、寂しい、不安だ、くやしいなどの不快感情については事情が異なる。近年は、きわめてふつうの子育ての中で、感情の社会化のプロセスをたどることが困難になっている現状がある。

　２歳の子どもが、お砂場で一所懸命トンネルを作ろうと、もくもくと穴を掘って楽しんでいた。そんなふうに夢中で遊んでいるときに、他の子がやってきてスコップを借りてもっていってしまった。そんな場面で、スコップをとられた子は、大暴れで砂をまきちらして怒りを表出する。それは当然の反応だ。

　さて、このような場面で、大人はどのような声かけをするだろうか？

　多くの場合、「もう泣かないの」「怒らないの」「こっちのスコップを使えばいいでしょう」「みんなで仲良く遊ぶの」などの声かけによって、感情をおさめさせようとする。しかし、感情が社会化されるためには、「くやしかったねぇ」「いっぱい怒ったね」「いやだったんだもんね。怒ったんだもんね」と、子どもの身体に流れているエネルギーを大人が汲み取って先に言語化してあげるというコミュニケーションが必要になる。

　しかし、多くの日本人は、たとえ２歳であっても、不快になったときに不快を表出することはよくないことだと考えている。そして、それを親が制御する声かけを行うことになる。その結果、子どもは、不快感情は表出してはいけないのだということを学ぶことにはなるが、自分の身体にあふれてくる不快をどう表現すればよいのかは学ぶことができず、ただただ抑えこむことを学ぶのである。そこで抑えこまれた不快感情は、いずれ出口を求めること

になる。

　発達のプロセスにおいて重要なのは、「身体が感じている感情を発し、大人にその感情を承認され言語化され、安心する」という三拍子である。この三拍子とは、愛着の関係性の中で感情の社会化が行われるということを意味している。「身体が感じている感情（辺縁系）⇒（ボトムアップ方向）⇒大人にその感情を承認され言語化される（前頭前野）⇒（トップダウン方向）⇒安心する（辺縁系）」という情報の流れの中で、感情制御の機能は育つのである（図4［17頁］、図5［18頁］）。

8．日本特有の問題──負情動・身体感覚の否定による制御

　ここまでのところで、子どもの感情制御の脳機能が健全に育つためには、負情動・身体感覚が承認されることにより安心・安全が得られることが必須であると述べてきた。そして、子どもの感情制御が困難になる背景として、子どもが泣いたときに叩かれたり、叱られたり、無視されたりするという虐待を例にあげてきた。また、乳幼児の母子の愛着システムにおいては、叱責してしまう場合とひれふしてしまう場合の両方があることを示した。

　ひれふしてしまうというのは、子どもに泣かれることで自分に負情動が喚起されることを無意識に恐れるために、子どもの欲求をすべて満たすことで子どもを泣かせないようにする態度である。この場合、子どもに対してやさしい親でありながら、ボトムアップとトップダウンのバランスが著しく悪いために、子どもの感情制御の力は育たずに、幼児期になると子どもは親をふりまわす暴君となってしまう。

　いらだち叱責する場合にしても、ひれふしてしまう場合にしても、共通しているのは、子どもの生体防御反応としての負情動・身体感覚を否定している（あってはならないものと認識している）という点である。虐待がある場合には、当然、子どもの負情動・身体感覚は否定される環境にあるが、不快感情の表出・主張をよくないことと考える日本人の場合、子どもの負情動・

身体感覚を否定する状況は虐待だけにとどまるものではないのである。

　図10に示した状況を、具体例を通して説明する。私があるとき目撃した光景である。

　母子3人組のお散歩風景。3歳くらいの子どもたちは、覚えたてのスキップで得意げに勢いよく走っている。その10メートルくらいうしろをママたちがおしゃべりしながら歩いている。そのとき、先頭の男の子が勢いよく、道路に叩きつけられるように転んだ。道路はアスファルトである。うしろのママは絶妙なタイミングで、「痛くない！」と男の子に向かって叫んだ。男の子が顔をゆがめながらようやく起きあがったとき、「えらい！」とママのお褒めの言葉が届く。すると男の子は、何事もなかったかのように立ちあがり、そのままスキップをしていったのである。ママは満足げな表情で、そのままおしゃべりを続けていった。男の子が転ぶところを間近に目撃していた私は、「痛くないわけないでしょう！　ひざをちゃんと見てあげて!!」と叫びたい気分で、茫然として親子を見送った。

図10　負情動・身体感覚を否定によって制御するコミュニケーション

男の子が転んだとき、男の子の身体感覚には「痛み」が生じ、同時に得意になってスキップしていた気持ちが萎えて「ぐずぐず」の気持ちが生じただろうと考えられる。その身体の「痛み」や「ぐずぐず」をどのように評価すればよいのかを判断するために、脳の中では情動脳（脳幹部・辺縁系）から前頭前野（評価脳）に向けてボトムアップ方向に情報が流れる。

　大人の場合は、自分の過去の記憶との照合や認知的な判断により、自身の前頭前野がその「痛み」に対する評価を下し、「さする」「冷やす」「病院に行く」などの行動が選択される。子どもの場合は、自分で判断できないので、耳から入った親の声が子どもの前頭前野に入力される情報になるのである。

　ママの「痛くない！」という声は、子どもの前頭前野における認知情報として、トップダウン方向でその「痛み」に対する評価を辺縁系に伝えることになる。その結果、身体の現実は「痛い」のに、それは「痛くない」と評価され意味づけられるという矛盾が生じることになる。

　さて、このようなとき、子どもの脳の中で何が起こるのだろうか？

　この場合、矛盾している情報を処理できずに、パニックになり大泣きするのが健康な反応である。「（ママが痛くないって言ったって）痛いものは痛い！」と自分の身体の現実を優先できる子、それが生きる力のある子の姿である。大泣きすれば、ママは駆け寄り、抱っこして、よしよしとなだめ、さすり、冷やしてやることになる。自分の身体の「痛み」や「ぐずぐず」に共感されることを通して、不快は安全に包まれて、安心感を獲得する。この関係性が、感情制御の脳の基礎を育てる愛着の関係である。

　ところが、私が目撃した男の子の反応はそうではなかった。「痛くない！」「えらい！」というママの声を聞いたあと、何事もなかったかのように、すくっと立ちあがり、ひざをさすることもせずにスキップを続けていった。つまり、自分の身体の痛みを実際に「痛くない」状態に処理して、「痛くない」現実を作ったのである。

　これは「過剰適応＝不快感情過剰制御」の姿である。ここで一次解離反応

が生じたと見ることができる。つまり、身体感覚に基づく辺縁系が保持する情報と親の声に基づく認知情報とが矛盾したとき、その矛盾を解消して親に愛されるためには、身体感覚をないことにして認知情報を優先する情報処理が行われるのである。このような反応ができる子は、手のかからない「よい子」として評価され、ほめられることにより、その反応が強化され、将来心配な「よい子」となる。一次解離反応は正常解離であり、病気を意味するものではないが、長期にわたって不快感情処理の方略として習慣化することによって、さまざまな問題を生じさせることになる。

　このような一次解離反応が、虐待などの不適切な養育環境にある場合に頻繁に生じることはよく知られている。痛みを与えている人に愛されなければならない環境においては、痛みをないことにして、その環境に適応する道を子どもの脳は無意識に選択するのである。しかしながら、上記の例のように、子どもを大事に「よい子」に育てたいと願っている親子関係においても、子どもの負情動や身体感覚を否定する関わりによって、脳の情報処理が矛盾を抱え、その矛盾を解消するために一次解離反応が必要とされるという状況に陥るのである。

　不安や恐怖や痛みが脳の中で命を守るための機能として生じるということを考えると、「そのくらい不安じゃない」「そのくらい恐くない」「そのくらい痛くない」と大人が子どもに説得することで子どもがそれを感じないように制御するという状況は、きわめて奇妙なことだと気づくだろう。それは、汗をかいている子どもに「汗をかくな」と命じるのと同じくらい奇妙なことなのだ。にもかかわらず、私たちは子どもたちに「不安じゃない」「恐くない」「痛くない」と言って、子どもの感情を制御しようとしてしまう。

　それでも、「不安だもん！」「恐いもん！」「痛いもん！」と自己主張できる子は、健康に育っている子どもである。子どもが自分の身体の現実を優先してそれを主張することができるかどうかは、「子どもが困ったときに親の顔を見ると安心する」という関係性が構築できているかどうかによる。親との安心感が構築できている子どもは、親がつい「痛くない、痛くない」と言

って子どもの感情を制御しようとしても、「痛い！」と大泣きすることができる。なぜなら、ネガティヴな部分をもっている自分でも、まるごと親に愛されているという実感があるからである。

　しかし、親が「痛くない」と子どもを制御しようとしているにもかかわらず、子どもが「痛い」と主張して泣き、そういう子どもは愛せないと親が思ってしまうとき、つまり、子どもの泣きによって親に負情動が喚起されるとき、子どもの脳は自分の「痛み」をあってはならないものとして処理することになるのである。その情報処理の方略が、感情制御の力を阻害するものとなる。身体の現実（辺縁系・脳幹部）に対して異なる認知情報（前頭前野）が与えられるというダブルバインド状況において、その矛盾を解消しようと身体の現実を放棄する（一次解離反応）情報処理の方略が、親に愛されるために選択されるのである。それほど、乳幼児の脳にとっては、親に愛されることが生命維持のために重要だということを意味している。

9．日本人の親子関係と自我境界

　子どもの身体感覚に対して親が断定的な言及を行うという親子のコミュニケーションは、親子の自我境界があいまいな日本特有のものであると思われる。たとえばアメリカでは、自己主張できる子が「よい子」であり、日本における過剰感情制御による従順な「よい子」は「よい子」ではない。親が子どもに何を求め、何を評価するのかという点は、文化の影響を大きく受けており、親が子に求める「よい子」の基準は文化によって異なると言える。

　図11は、アメリカと日本との文化差を個の自我境界と集団との関係性という点から図式化したものである。

　多民族社会で個人主義が徹底されているアメリカでは、差異があって当たり前の社会に適応するために個が確立される。他人と自分の境界は明確であり、その境界は集団によって影響を受けず、言語的に主張することが社会で生きていくうえで重要なことと認識されている。ゆえに、対話における誤解

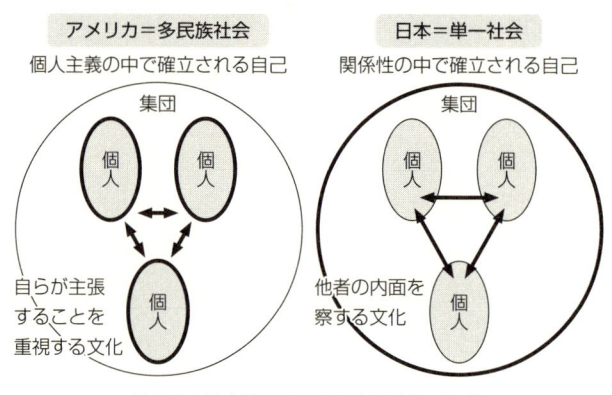

図11 集団と個の関係性における日米の文化差

の責任は「話し手」にあるという前提で関係性が成立している。そのため、アメリカの子どもは自己の感情や意見を主張する力を身につけることが重視される。

それに対して、日本は単一社会であり、みなが同じであることを前提に、自己は関係性の中で確立される。個の境界は、集団の性質によって規定され、私たちは常に相手の状態を察し、無意識に汲み取っている。それゆえ日本においては、対話における誤解の責任は「聞き手」にあるという前提で関係性が成立している。そのため日本の子どもは、相手の感情を汲み取る力（思いやり）を身につけることが重視される。私たちは常に関係性の中で自らの自我境界の厚みを調整し、当然察してくれるという期待の度合を関係性の中から判断する。

人の性格に関係すると言われているセロトニントランスポーターという遺伝子多型の割合は、国や民族によって異なることが明らかになっており（Lesch, K.P., Bengel, D., Heils, A., Sabol, S.Z., Greenberg, B.D., Petri, S., Benjamin, J., Müller, C.R., Hamer, D.H., & Murphy, D.L., 1996）、SS型の人はSL型、LL型よりも不安を感じやすい傾向にあるとされる。日本人はSS型保有者が欧米に比べて5割も多く、LL型保有者は3％と世界で最も少ないという。また、この

S型の割合が、集団主義的文化か個人主義文化かの違いを生み出すと言われている（Chiao, J.Y., & Blizinsky, K.D., 2009；安藤、2012）。不安を感じやすい祖先の子孫である日本人は、島国の中で共感性を高めることで自分たちを守る文化を生み出し、進化してきたのだろう。

ゆえに日本の親子関係においては、親子の自我境界があいまいであり、子どもの身体感覚や感情である「痛い」に対し、親が「痛くない」と言及することに、なんの違和感もないのである。それは文化であり、そういう関係性の中にあっても、子どもが自分の身体感覚や感情を主張できるように育っていれば、なんら問題はない。しかしながら、子ども自身が親に適応するために自身の身体の現実を放棄してしまう場合には、問題が生じることになる。その場合であっても、親は子どもを愛している。愛したいがゆえに生じてしまう問題だというところに、日本の問題の特徴がある。

親が子どもの負情動を承認しない関係性について、リネハン（Linehan, M.M., 1993）は不認証環境（invalidating environment）という概念を提唱し、それを境界性パーソナリティ障害を生み出す環境要因として提示している。リネハン（Linehan, M.M., 1993）は、不認証環境として、親自身の問題により子どもに関与できない状態にある「混沌とした家庭」、なんらかの理由で子どものネガティヴな感情の提示を我慢できない「完全な家庭」、情動を認知的に制御することを重視する「典型的な家庭」の3タイプを示している。この3タイプは、日本においても存在すると考えられるが、その不認証環境を調査している研究を見ると、親子関係の文化的影響が反映されており、日本における「愛しているがゆえに不認証になってしまうあり方」とは異なるものであることがわかる。

今、日本において、このことが引き起こしている大きな問題は、「親の前でよい子、保育園や学校できれる子」という発達の仕方である。親の前での様子と、小学校や保育園での様子が著しく異なるということに困惑している状況は、日本のどの地域でも起こっている。学校や保育園で感情制御できない状態について親に理解を求めても、親の前ではきちんと年齢相応のふるま

いができるために、親は学校や保育園の対応の問題であると感じてしまう。そのため、連携や相談が困難になり、本質的な解決が先延ばしにされ、いずれ「発達障害」という診断が与えられることになる場合が多い。しかし、生来的に発達障害がある子どもは、親の前で「よい子」のふるまいをすることがそもそも不可能なはずである。

　前述してきたように、親に愛されるために、子どもが自身の身体の現実を一次解離させて負情動や身体感覚をないことにする反応は、そもそも不自然なことなので、親がいないところで封印されていた感情が暴走してしまうという現象が生じるのである。だから、幼児期、小学校低学年のうちに、そのような育ちの軌道修正が行われて、親の前で不快感情を表出しても愛されるという関係性、子どもが困ったときに親の顔を見ると安心するという関係性を回復・開発することがきわめて重要な援助になる。

10. 解離様式による適応

　幼いうちに軌道修正されない場合、しだいに解離が進行するという事態が生じていく。一次解離は正常解離反応に含まれるものであるが、それが定着してしまうと、常に解離様式で適応するという状態になる。この状態は、いやなことがあるとすぐに忘れることができるという便利な状態像であるため、強化され、小学校中学年から青年期にかけての多くの子どもたちが解離様式で適応している現状にある。

　解離様式で適応している子は、不快感情に対する脆弱性を抱え、日常生活の中で経験する不快な体験が、容易にトラウマティックストレスとなってしまう。友達とのトラブル、いじめられ、教師からの叱責、学習困難、病気や事故、親の不和や家庭内のトラブルなど、それらに際して生じる不快感情は、いつもの習慣により一次解離反応で処理されるので、自己に統合されない負情動として蓄積されていくことになる。

　このような子どもは、困っていることを表出するすべをもたないので、明

るい様子しか見えず、たとえ死にたいと思っているとしても、そのことを周囲の大人に気づいてもらうことができない状態に陥ってしまう。突然自殺を企図する子どもは、親や教師の前でいつも明るい顔をしている子なのである。図12に示したように、解離様式で適応しているとき、よい子モードの自我状態とネガティヴモードの自我状態が解離障壁で分断されているかのような状態にあり、苦しんでいる自分と「大丈夫です！」と笑顔で答える自分が別々の存在になっているのである。

「はじめに」で言及したTSDP（Theory of Structural Dissociation of the Personality：人格の構造的解離理論）にあてはめると、図12のよい子モードがANP（Apparently Normal Part of the Personality：適応的な部分）、ネガティヴモードがEP（Emotional Part of the Personality：感情を担当している部分）にあたるということができる［6頁参照］。

また、青年期のリストカットや依存の問題も、解離様式で適応していることによって不快感情を自己に統合することができない状態において生じる事象である。

このように解離様式で適応してきた子どもは、本質的な脆弱性を抱えていることになるが、その発達の途上で大きなトラウマティックストレスにさら

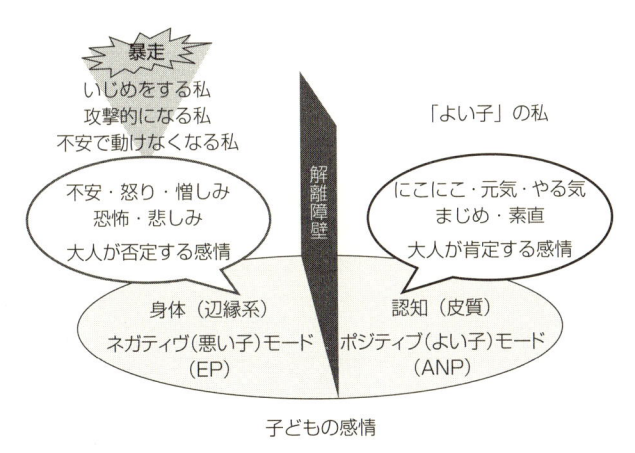

図12　「解離様式による適応」のイメージ

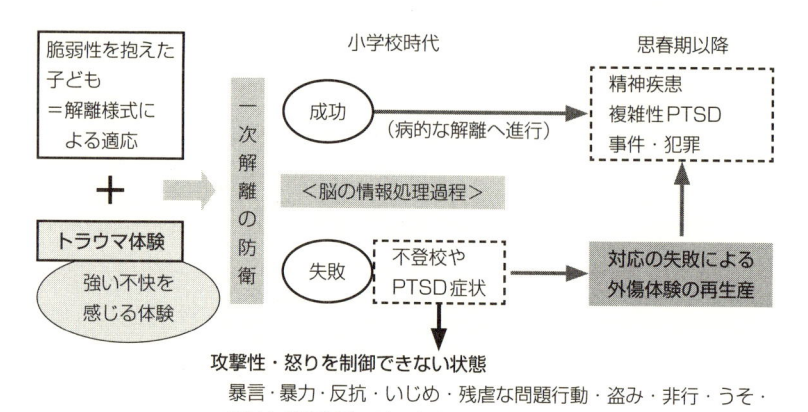

```
脆弱性を抱えた                小学校時代              思春期以降
子ども            一    ┌──成功──┐        ┌─────────┐
＝解離様式に      次            (病的な解離へ進行)   │精神疾患      │
よる適応          解                                │複雑性PTSD    │
                  離                                │事件・犯罪    │
    ＋            の      ＜脳の情報処理過程＞      └─────────┘
                  防                                      ↑
トラウマ体験      衛    └──失敗──┐ ┌─────┐  ┌──────────┐
                                    │ │不登校や │  │対応の失敗による│
  強い不快を                        └→│PTSD症状 │→│外傷体験の再生産│
  感じる体験                          └─────┘  └──────────┘
                                          ↓
                              攻撃性・怒りを制御できない状態
                              暴言・暴力・反抗・いじめ・残虐な問題行動・盗み・非行・うそ・
                              奇妙な問題行動・リストカット・誹謗中傷など
                                  ⇒ 学級崩壊・教師のバーンアウト
```

図13 子どもの問題が深刻化するプロセス

された場合には、図13に示したようなプロセスをたどることになる。いじめを受けたり、入試に失敗したり、家族内での悲しい出来事があったり、子どもたちは生きていく中でさまざまなつらい体験をする。災害被害もその１つである。そのようなトラウマ体験に際して、もともと解離様式で適応している子どもは、そこで生じる感情を一次解離させることで適応を図ろうとすることになる。その一次解離に成功すると、いじめられても元気に学校に通い、挫折を味わっても泣くことなく元気な様子を示し、親を安心させることになる。しかし、それは思春期以降の深刻な問題を発生させる可能性をはらんでいる。

一方、トラウマ体験に際して、上手に一次解離することに失敗した子どもは、つらさに耐えられず不登校になったり、PTSD症状を示したりする。子どものPTSD症状のほとんどが攻撃性・怒りを制御できない状態で示される。図13に記載したように、学校での多彩な問題行動の形をとることも多い。これらの小学生の問題はSOSのサインである。これ以上この環境では生きていけないから助けてほしい、環境の軌道修正を図ってほしいということの訴えである。そこで援助に成功すれば、子どもは育ちなおしが可能にな

り、健康を取り戻す。そのプロセスにおいて必須なのが「子どもが困ったときに親の顔を見ると安心する」という関係性の回復である。

　災害被害が子どものトラウマ体験として影響を与えるかどうかということは、客観的被害の大小によって決定されるものではない。深刻な被害を受けた子どもが必ず適応に困難をもたらすほどのPTSDになるわけではない。痛み・悲しみを抱えているということとPTSDになるということは別の問題である。きちんと泣き、怒りを表出し、それが承認されるという環境では、人の心には自然治癒力が備わっている。しかし反対に、客観的にはそれほどの被災ではないと思われる子どもであったとしても、泣くこと・怒ることを禁止され、いつもにこにこして大人を癒す役割を期待されて、それを実現してきたとしたら、数年後に不適応に陥る可能性は十分にある。数年経ったあと、それをPTSDと理解してもらえないということにならないよう、援助者はこの構造をしっかり理解しておくことが必要である。被災直後はこころのケアに注目が集まるが、数年経って生じる子どもたちの問題行動は、被災と関係ないものとして理解されがちである。しかし、大人がつらさを感じている時期に、子どもたちが元気な笑顔で大人を癒してくれたという現状においては、図13に示したような形で、被災体験が多くの子どもたちの育ちに影響を及ぼす可能性が高いということを、援助者は心にとどめておいてほしい。

11. Affect Phobiaの世代間連鎖

　解離様式で適応していることそのものは、単なる適応の習慣であるので、そのままなんら問題を感じることなく成長し、大人になることは可能である（図7-⑥［21頁］）。しかしながら、自己の中に「あって当たり前の不快感情」を統合できていないという状態は、成人になってからぶつかる問題を乗り越えていく際に影響を及ぼすことになる。そのことが顕在化しやすい場面が、恋愛と出産、子育て、夫婦関係という親密な関係（家族関係）なのである。

社会的な関係においては、皮質と辺縁系を切り離したままで、認知的・理性的な部分だけで生きていくことが可能であり、また、つらいと感じずに突っ走ることがよしとされる競争社会においては、ネガティヴ感情は不要であり、解離様式で適応したままのほうが便利だという状況にある。さらに、あらゆることをデジタル化していくIT化社会は、身体をもった存在としてのアナログ的なあり方と対立し、脳幹部・辺縁系の存在は無視されていく。私たちは、高度に発達した皮質だけを脳だと思っている。このような競争社会に適応していると、他者の感情に共感するという能力も弱くなり、子育てにおいても、子どもの感情を効率的に処理して、大人に迷惑をかけない存在でいることが重視されるようになってしまう。

　しかし、恋愛や夫婦における親密な関係では、身体・感情が主役であり、思いが伝わらなければ、怒り・嫉妬・悲しみがあふれてくる。解離様式で適応してきた人は、失恋によって、自分でも予測不能な巨大なネガティヴ感情に翻弄されて、怒りを制御できない状態に陥ることがある。時にストーカー状態にいたることもある。性的な関係は身体の関係であり、辺縁系・脳幹部と深くつながる体験なのである。だから、自分の中のネガティヴモードや身体・感情そのものと関わることに不快を感じると、夫婦間のセックスレスにも陥りやすい。要するに、身体に関わることは感情とつながることであり、そのこと自体が面倒なことになってしまうのである。当然、泣きわめく子どものネガティヴ感情に付き合うのは恐ろしいことになる。

　このような状態を示す言葉として、Affect Phobia（Leeds, A., 2013；McCullough, L., 2003）という言葉がある。リーズ（Leeds, A., 2013）は、この概念を「はじめに」で紹介したAIPモデル（Accelerated Information Processing：適応的情報処理モデル）やTSDP（Theory of Structural Dissociation of the Personality：人格の構造的解離理論）を前提として使用している。「自らの感情にふれることを恐れる心性」を意味するこの言葉を、本書では「情動恐怖」という直訳はせず、そのままAffect Phobiaと記載する。解離様式で適応しているということは、Affect Phobiaを抱えていることを示し、それ

は、ネガティヴ感情が喚起されるような場面での脆さと直結している。自身の苦悩や葛藤をしっかりと抱えることができないので、他者への攻撃にも向かいやすい。Affect Phobiaは、叱れない親の姿、深刻な問題を無意識に軽い問題とみなしてしまう姿などに象徴される。

　親が子どもの負情動・身体感覚を承認できない背景には、親自身が原家族の中でAffect Phobiaを獲得しているという問題があり、感情制御の発達不全は世代を超えた連鎖の問題として理解することが求められる。親が子どもの問題をきちんと見つめ、一緒に悩み、苦しみながら子どもを支えることができるためには、親自身が自分の中にあって当たり前の痛み・苦しみを承認されるという経験が必要なのである。

　そういう意味で、Affect Phobiaという新しい概念は、「ネガティヴ感情にふれることを恐れる心性」そのものをその治療対象とすることを可能にするという点で深い意味をもつ。怒りを表出しないことを美徳とする日本人にとっては特に、トラウマ治療の際にクライエントのAffect Phobiaの度合いを見極めなければ有効な治療が困難になる。あって当たり前のネガティヴ感情を受け入れているという前提があってはじめて、トラウマ治療を効果的に進めることができるからである。

　近年注目されているマインドフルネス（mindfulness）という概念は、自己覚知できている状態を指す言葉である。古来、仏教において重視されていた身体のあり様そのものを指しているとも言える（Brandt, A., 2014）。脳機能の観点からは、図5［18頁］のようにトップダウンとボトムアップの情報の流れがスムーズで、自己の身体の状況に認知的に気づいており、安定した気持ちでいられる状態を指している。すなわち、マインドフルネスは、Affect Phobiaの正反対の状態を示していると言える。親がマインドフルネスな状態でいることが、子どもとの良好な愛着と情動調律を可能にするのである（Siegel, D.J., 2010；Wesselmann, D., Schuweitzer, C., & Armstrong, S., 2013）。

児童精神科医からの一言①
暴力は薬物療法でおさまるのか

　学校で「子どもが暴れる」「暴力をふるう」などの問題行動があった場合、近年は、いわゆる「発達障害」の子どもが問題行動を起こしたものとして、病院受診を勧められ、即、薬物療法が開始される傾向にある。子どもの暴力を抑えるためによく投薬される薬物は、ジプレキサ、エビリファイ、リスパダール、コンサータ（いずれも商品名）などである。しかし、子どもの衝動的な暴力を薬物療法で抑制しようとする場合、大人に処方する場合とは異なる「思いがけない薬物の作用」が出てしまうことが多い。子どもの場合、薬物を服用することで、かえって暴力をエスカレートさせてしまうことがある。ところが、この薬物の作用を「副作用」ととらえられないために、さらに薬物の増量、同様の効能がある薬物の追加が行われてしまうことが多い。すると、ますます子どもの暴力はおさまらないという絶望的な結果になる。

　子どもが暴力的になる場合、一見、衝動的な暴力と見えても、丁寧に子どもからそのときの事情を聴き取ると、それなりの理由があることがほとんどである。明らかな理由があって生じた暴力には、どんなに優れた薬物を服用しても効果がないだろう。子どもの暴力の背景には、必ず「不安」が存在している。子ども自身も"暴力をふるいたくないのに、どうしてこうなるんだろう"と悩んで、不安を増している。安易な薬物療法は、子どもの不安感を強め、さらに罪悪感や無力感、絶望感を増幅し、暴力行為をさらに強化する負の支援になる場合もあるのである。

　身体由来の病気でも、薬だけを飲み続けて完治することはない。病気が完治するには、薬を服用する以外に食生活や生活習慣を改善し、維持することが基本である。さらに言えば、病気にかからないための予防が何より重要である。暴力もまた基本はまったく同じである。日ごろから、子どもの表情や生活状況、環境などに注意しながら、子どもから出される多くのサインを汲み取ることが、暴力を抑止する究極の予防策である。子どもの安定・安全を見守る大人の目が、一番の薬になるのである。

（鈴木廣子）

児童精神科医からの一言②
子どもへの投薬の原則──成長と社会参加の保障

「子ども」という言葉は、「これから成長する人」ということを意味している。子どもが成長するためには、睡眠、食事、そして活動が生活の基本である。この成長過程の中で、子どもはさまざまなことに興味をもち、失敗しながらもそれを経験として、自分の身を自分で守ることを学んでいく。それらを通して、子どもはさまざまな感情や感覚をはじめて体験していくのである。だから成長のためには、子どもの脳が常に活発に機能して、いろいろなものに反応できるアンテナを十分に張っていることが必要である。つまり、子どもの脳はクリアでなければならない。脳に有害な喫煙や飲酒を、成長期にある子どもに禁じているのは、子どもの脳を守るためである。

子どもは環境の変化にとても敏感である。子どもが不安定になった場合には、投薬を考える前にまず環境調整から手をつけるべきである。なぜなら、成長期にある子どもの脳は、できる限りクリアな状態を保つことが大切だからである。

仮に子どもの安全のため（自分を守る、周りも守る）に投薬をすることが必要な場合には、投薬の目的である症状に効果があって、かつ、子どもの活動を抑制せず、身の安全を守ることができる俊敏性を損なわない状態、すなわち脳が十分に機能できているという条件を満たす投薬量にしなければならない。万が一にも、投薬されている子どもが無表情、不活発、意欲低下、刺激からの反射低下、年齢不相応の過眠（または不眠）傾向、投薬後の急激な体重増加（または食欲不振や嘔気、嘔吐）、言語の不明瞭さなどを示しているとしたら、それだけで成長は阻害される。

子どもへの投薬は、「成長」と「年齢相応の社会参加」を助けるために行われることが原則で、目的の症状が安定または改善した場合には、漫然と長期的に投薬を継続するのではなく、すみやかに薬物の離脱を行うことが重要である。

（鈴木廣子）

第2章
3歳までの子育てにおける困難

1．母性というもの

「母性神話」という言葉がある。女性は誰にでも当たり前に母性が備わっていると思われていることは「神話」であって、子どもを産んだからといって、子どもをかわいいと思えないことはあるし、あってもよいという文脈で、「母性神話」という言葉が使われることが多いように思う。私は、子育てにおける「母」の存在というものを重視している立場である。当然のことながら、母にのみ子育ての負担と責任を負わせる社会を是としているわけではないし、母も社会的に自己実現すべきであることは言うまでもない。しかし、母の子育てにおける重要性を強調したいのは、母子の「動物的つながり」の重要性に目を向けるべきだと思うからである。母子関係を重視するということは、乳児期をすぎても母が働かないで子育てをするべきということを意味するのではない。「子どもが困ったときに親の顔を見れば安心する」という関係性を築くことが重要なのであって、それは、物理的な接触時間の長さによるものではなく、関係性の質によるものだからである。

私が出会ってきた、子どもを虐待してしまうことで苦しんでいた母たちは、みな実は子どもとのボンド（生物としての絆）を取り戻したいと願っていた。心理療法により自身が変化すると、子どもを安心して抱けるようになり、子どもにいらつかなくなり、そのことを心からうれしいと喜ぶことができるのだ。だから、私は「母性」を信じている。母たちがわが子を愛せないという状況に陥るには理由があり、それは支援可能なのである。母たちは、よい母になりたくて苦しんでいる。なぜよい母になりたいのか。「母性」がそう駆りたてるのである。私の心理臨床は、「母性」を信じていることを前提としている。

2．母子のボンドと愛着のシステム

　人間の赤ちゃんは、ケアされなければ死んでしまうという弱い存在として、この世に生を受ける。しかし唯一、自分の命を守るために「泣く」という力をもっている。乳児は「泣く」ことによって自分の欲求を伝え、「泣きやむ」ことによって、養育者は自分のケアが適切であるのかどうかを知ることができる。だから、授乳してもおむつを取り替えても、それでも赤ちゃんが泣きやまないと、親はどうすればよいのかわからず、途方に暮れるということも起こる。親が「泣きやませないと」とあせって抱いているといつまでも泣きやまないが、諦めてゆっくりした気持ちで抱いているとすっと泣きやむことがある。乳児は、身体の心地よさをどこまでも求めて泣き続ける。「泣く」ことができるということ、それは生きる力をもっているということである。
　生後まもなくは、身体が安心・安全で心地よい状態であれば、誰がお世話をしてもすやすやと眠っているが、10ヵ月から1歳前後になると、一時も母から離れられない時期がやってくる。
　母と乳児は動物的なボンド（生物としての絆）（Klaus, M.H., Kennell, J.H., & Klaus, P.H., 1995）で結ばれており、周産期には、母は「乳児の目で見え、乳

児の耳で聞こえる」という特殊な体験もする。つまり、出産して子どもが身体の外に出ても、母と子の感覚はつながっており、そのボンドがあるがゆえに、子の命を本能的に守ることができるのである。その本能的に子を守ろうとする母の行動をボンディングという。子のほうも、10ヵ月くらいになると知恵もついてきて、「この人がママだ」という明確な認識が生まれ、母を見失うと「不安」を感じるようになる。なぜなら、乳児はひとりでは生きられず、かつ先を見通す力はまだないため、自分に安全を与えてくれる母が目の前からいなくなると、「不安」という感情が生じるのである。そこで、子どもは自分の命を守るために唯一もっている能力を使うことになる。大きな声で必死に「泣く」のである。それが子の愛着行動である。この時期、母はトイレに行くだけでも子どもに大声で泣かれることになるが、トイレから出てきて抱きあげると、すぐに子は「にこにこ」に戻る。母の顔を見れば、すぐに「安心」するのである。

　このように、子どもが「不安」で泣いて、母の顔を見ると「安心」しておさまるという関係性を、愛着システムという。愛着システムは、子が母を求める愛着行動と、母が子を守ろうとするボンディングにより成立する。そこまでの1年間の育児の中で、「子どもが親の顔を見ると安心する」という関係性がうまく成立していない場合、1歳をすぎても、子が必死に母を求めるという時期が現れないことになる。その反応としては、母を見失っても、泣かずにフリーズしていたり、にこにこしていたり、他の人との関係で満足していたりする。こういった反応のほうが心配な反応であるということは、心理学の領域では有名な話（Bowlby, J., 1969；Ainsworth, M.S., Blehar, M., Waters, E., & Wall, S., 1978）である。しかし、親の立場からすると、子が一時も母から離れられない状況というのは負担に感じる場合があるため、泣かない子のほうが「よい子」であるかのような勘違いが多く起こっている。

　父が子育てにしっかり関わることが重要なのは言うまでもないが、しかし、乳児期において母が主役であるということには深い意味がある。人間は動物なので、動物的なつながり＝ボンドという本能によって、母は子を守

り、子は母を求めるのである。ボンディングが自然に形成されている場合、母は子と一緒にいることで安心するし、子が自分の腕の中で泣きやんでいくことに幸せを感じる。むしろ、子と離れていることは耐えがたく感じる時期である。しかし、なんらかの事情でボンドの形成が困難になっている場合、子の泣き声は母にとっての大きな負担になる。

　乳児期の子育てにおいては、特に子が「ママじゃなければダメ」という時期には、母と子の安定した関係性を父が守るという支援が望ましい。父が競って子をあやそうとしても、ボンドが健全に形成されている場合は、子は母を求め、父では泣きやまないということが起こる。なぜなら、母の子宮内で生を受けた子は、母と密着することによって、最も効率的に「安心」を得ることができるからである。不安になったときに効率的に安心が得られる関係性をボンドが保証しているのである。もちろん、母を失った子どもは、その代わりになる人との間に愛着の関係を形成することで、問題なく育つ。しかし、母が目の前にいるのに、母としての役割をしてくれないとしたら、そこには欲求不満が生じることになる。子は母を求めてやまないのである。なぜなら、その関係性が子の発達にとって必要不可欠なものだからである。

　母子の動物的なつながりであるボンドを基盤として、次に生活を通した父や祖父母など家族との関わりの中で、子は感情制御の基盤となる愛着の関係をはぐくんでいく。この愛着の関係性において脳内の感情制御の重要な基礎が育つことは、第1章で説明したとおりである。

3．子に泣かれると負情動がこみあげてくる母の困難

　第1章の図9［24頁］に示した「愛着システム不全状態モデル」では、子の泣き・ぐずりの声を聞くと、自動的に母の身体に負情動がこみあげてくるという生理現象が生じるプロセスを説明してきた。子の泣き・ぐずりを聞くと、不安や恐怖やいらだちでいっぱいになるということは、本当につらいことである。それゆえに子どもを叩いてしまう場合もあるし、子どもに泣かれ

ることを予防するために子どもに媚びてひれふしてしまう場合も生じる。

　親が子どもの欲求にふりまわされて、ひれふす子育てをしている場合、子どもは4歳くらいになると、親の前では暴君のようにふるまいながらも、幼稚園や学校では常に巨大な不安を抱えて自信がなく、適応困難を示すようになってしまう。親が子どもに泣かれることを恐れて、子どもがいやな思いをしないよう先まわりして手を打つというスタンスは、学校への苦情にも通じていく。

　子の泣き・ぐずりを聞くと負情動がこみあげる状態になる背景にあるのは、母自身の傷つきである。それは、母自身の生い立ちにおける傷つきと、妊娠・出産をめぐっての傷つきに由来することが多い。だから、これらの母の傷つきに対する心理療法を行うことで、母と子のボンド・ボンディングは回復する可能性があるのである。

　一般には、子を叱りすぎていたり、子にひれふしてしつけができていない母を見かけたら、より適切な方法を指導するという形の支援をすることが多いだろう。しかし、それは逆効果になることが多い。子の泣き・ぐずりに際して母自身がとてつもない不安や不快や恐怖におそわれているということ、それがどういう状況かに思いを馳せて共感し、そのように母自身が苦しんでいることを出発点にした支援を考えることが、現実的・効果的な母子支援になり、将来の問題の予防になるのである。

4．親自身の生い立ちの記憶

　私たちの「傷つき」とは、記憶の現象のことを意味している。記憶には、認知・情動・身体感覚・聴覚・視覚の記憶がある。通常の記憶においては、これらの要素はセットで記憶されており、時間とともに忘れていく長期記憶へと処理されていく。しかし、衝撃的な記憶や出来事においては、その出来事にともなう情動や身体感覚は耐えがたいために、一次解離という処理がなされて、記憶の要素はバラバラにされてしまう。そのため、トラウマ記憶は

「時間とともに忘れていける記憶」として処理されないまま、放置された記憶となってしまう。認知的には、その記憶について語ることはできても、情動・身体感覚が切り離されているため、つらい記憶としてではなく、淡々とした事実として、時に明るく語ることさえできる状態にあることが多い。ところが、なんらかの刺激が引き金となったときに、情動や身体感覚だけが突然フラッシュバックするということが起こる。そのような状態が頻繁に生じることで日常生活が成り立たなくなっている状態をPTSD（心的外傷後ストレス障害）という。

　ベトナム戦争後、アメリカに帰還した兵士が、平和な日常の中で、ヘリコプターの音を聞いただけで、恐怖でパニックになるというような症状を示すことから、PTSD研究はさかんに行われるようになったという歴史的経緯がある。地震の被害を受けた人が、電車の揺れであっても恐怖におそわれるというような場合や、いじめられ被害を受けた子どもが、学校のチャイムの音を聞くと恐怖で身動きがとれなくなるというような場合にもあてはまる。

　子の泣き・ぐずりを聞いたときに母に負情動がこみあげてくる状態は、まさにこのフラッシュバック状態であることが多い。いつの記憶のフラッシュバックかというと、母自身がわが子と同じ年齢だったころの記憶なのである。乳幼児の泣き・ぐずりを聞いて負情動がこみあげてくるということは、自分自身が乳幼児だったころの記憶が喚起されていることを意味している。しかし、乳幼児期の記憶には、認知の記憶は存在せず、情動や身体感覚や聴覚やあいまいな視覚の記憶のみである。そのため母は、意味不明なとてつもない恐怖を体験する状態に陥っている。その恐怖とは、乳児が感じている恐怖である。

　典型的には、自分自身が親の保護を得られない乳児期を過ごしていた場合、虐待的な関係にあった場合、病気などのために痛い思いをしていた場合などがある。乳幼児期のトラウマ体験は、出産を契機にフラッシュバックを引き起こす可能性があり、そのために育児困難や虐待が生じるのである。

　言葉をもつ前の乳児期のトラウマは、preverbal traumaと言われている。

乳児期に痛みや恐怖にさらされていた記憶は、一次解離反応によって乳児を守っているのだが、成人したあと、出産によりフラッシュバックするという現象が起こる。母自身は、妊娠・出産まではまったくそのような不安を感じたことはないのに、出産後、子の泣き声を聞くようになってから、何が何だかわからない混乱におそわれはじめるという形で、このフラッシュバックを体験する。そして、「自分は母親としてダメだ」と自己嫌悪に陥ることで、さらに問題が増幅されていくことになる。

　不思議なもので、子育てとは自分の人生をもう一度生きるということでもある。出産すると、子ども時代の記憶が喚起されやすくなる。おそらく、自分自身が子どもだったときの記憶を照合することで、育児書がなくても子育てが可能なように、脳の中にプログラムされている仕組みなのだろう。

　子ども時代の記憶が喚起されやすくなる現象は、子育て期間を通して起こることであり、ともに生活している父においても同様である。産後、乳児期の「認知をともなわない記憶」のフラッシュバックだけは、おそらく出産した母のみに限定されることだろう。しかし、父親も含めて、子どもと一緒に生活していると、子どもの発達とともに、私たちは常に無意識のうちに自分がその年齢だったときに親からどう言われていたかを思い出すことになる。その中で、自分の子ども時代の傷つきがフラッシュバックして、その感情がわが子に投影されるということは、両親ともに起こるのである。

　虐待的な関係に陥ってしまうときに、母に被害的認知が認められることがよくある。被害的認知とは、たとえば、乳児が離乳食をこぼしたり、なかなか寝つけなかったりして、母が対処に困るときに、母が「この子は私を困らせようとしているんだ」「私をいじめて喜んでいるんだ」「わざとやってばかにしているんだ」と子どもを把握してしまうことを意味する。これらの被害的認知の訴えも、子の行動によって母自身に負情動がこみあげてきている状態から生じている。図9［24頁］に示したように、子の行動によって母の辺縁系に負情動がこみあげてきたときに、その負情動の意味づけとして前頭前野（皮質）の部分で被害的認知が生じるのである。

したがって、被害的認知を訴える母に対しては、「赤ちゃんはわざとやっているんじゃない」「そんなふうに思ったら、赤ちゃんがかわいそうでしょ」といった常識的な支援をすることは逆効果である。かえって、自分が母としてちゃんとできていないという指摘を受けたと感じて、状態が悪化してしまう。「子どもが離乳食をわざとこぼしたように見えたとき、お母さんがすごくいやな気持ちになったんだよね」と母の側に喚起されている負情動への共感を示すことが、効果的な支援に導くために重要な点である。援助者から自分のつらさを共感されることを通して、母自身が自分の幼少期のつらかった記憶と向き合うことが可能になると、「幼い子どもにはなんの罪もない」ということを自分の体験として受け入れることができ、「わが子にも罪はない」というところにたどりつけるのである。

　被害的認知は、特に母自身が親から身体感覚を否定されてきた経験と深く関係することが、會田・大河原（2014）の実証研究から示されている。

5．妊娠・出産をめぐる傷つき

　ボンディングの困難を引き起こして、子の泣き・ぐずりを聞くと負情動がこみあげてくる状況に陥る背景として、もう1つ、妊娠・出産をめぐる傷つきに注目する必要がある。

　現代においては、子を授かるにいたる背景もさまざまであり、必ずしも欲しいと思ったときに自然に妊娠し、健康に出産にいたるというケースばかりではない。子を授かり、お腹の中で育て、出産し、誰かの支援を必要とする産褥期を無事通過して、夜間も2時間おきに授乳を必要とする赤ちゃんの母になるという1年間は、まさに激動の1年である。

　この激動の1年の間に母たちが傷つく体験をすると、生まれた子との身体的な共鳴がうまくいかず、情動調律が成立せず、子の泣きを聞くと負情動があふれてきてしまうという状況に陥る場合がある。

　たとえば、帝王切開で出産したということが「自然分娩できなかった」と

いう挫折体験としての傷つきになっていたり、乳腺炎になって母乳を与えられなくなったことで「理想の母」になれなかったという傷つきを抱えていたり、検診のたびに体重増加を医師から注意されることによって、自分は「自己コントロールできないダメな母」なのだと自信を失っていったり、生まれた子がアレルギーをもっていたことによって、人工授精で授かったことがそもそも間違いだったと自分を責めていたり……このような心理状態にあると、子が泣く声を聞くたびに自分が責められている気分になってしまい、健全なボンディングが障害されてしまうのである。

　妊娠・出産をめぐる1年の間に、母たちが傷つきを抱えてしまう背景としては、次の2点を考えなければならない。医療の進歩が生み出す社会的コンテクストと、認知優位で身体性を重視しない現代人のあり方の2点である。

　医学の進歩の中で、妊娠・出産の現場において、命を授かることについても自己判断・自己決定が求められる時代になっている。妊娠の早期の段階で胎児が障害をもっている可能性を知ることができる時代には、そこで検査を受けるか受けないか、産むか産まないかの選択を、親は自己決定するよう迫られる。そのようなことがなかった時代に比べて、心理的なリスクは比べものにならないくらい高いのではないかと思う。罪悪感・罪障感はさまざまな心理的困難の根底にある感情である。命の選択を親がするという時代には、その後に起こることの全責任が親である自分にあるかのような錯覚をもたらす。漠然と「神様から授かった命」と思える時代であれば、出生後に出会うさまざまな困難を「人知を超えたもの」として受け入れていくことができたところだが、人工的に妊娠すること・産むことを自己決定したというコンテクストにおいては、すべてが自分の責任というところに戻ってきてしまうのである。

　このような医学の進歩のもとで無意識に設定されているコンテクストは、親の心理的負担をとてつもなく大きなものにしている。さらに、産む・産まないの選択ができるということそのものが、「この子は親を幸せにするだろうか」という点で子どもを判別する暗黙のコンテクストを提供し、人は無意

識にその価値観に支配されてしまう。現代という時代に生を受ける子どもたちは、親を幸せにするべき存在として最初から生まれてくるのである。その結果、泣く子、怒る子、親を困らせる子を、大人が愛することが困難になってしまう。どのような妊娠・出産を選択するのかということについては、親それぞれの選択が尊重されるべきだろう。しかし、命の選択ができるという社会の進歩の方向性そのものが、上記の理由で、子育てを困難なものにしていっていることは確かなことだと思う。そのことを援助者は知っておく必要がある。

　もう1つ、妊娠・出産の1年間に母たちの傷つきやすさを生む背景として、認知優位で身体性を重視しない現代人のあり方について言及しておきたい。これは、第1章で述べたAffect Phobiaとも関連するが、私たち現代人は、頭（前頭前野〔皮質〕）で考えて行うことが正しいことであって、身体の欲求（辺縁系、脳幹部）に従うことはあまり好ましいことではないという常識の中で生活している。あらゆることを認知的に制御し、不快が生じないようにあらかじめ対処するために、文明は進化してきた。さらにIT化社会の中で、あらゆることがデジタル処理されるようになり、アナログ的・身体的な手間のかかる事柄を避けて通ることができるようになってきている。そういう日常に慣れきっている現代女性が妊娠・出産をするということは、とても大変なことなのだ。

　なぜなら、妊娠・出産はきわめて動物的な体験なのである。男性には経験できない感覚である。私は自身の経験として、出産時に「私は動物だったんだ」と感動した記憶がある。頭を必要としない経験ははじめてのことで、それは新鮮で驚きに満ちていた。身体のみしか存在しない、しかし身体が自然に必要なことをちゃんと行う。子が泣けば母乳があふれ、何も考える必要はなく、身体が命を守るのである。そして、それはこのうえもなく幸せで癒される体験でもあった。この幸せ感は、母乳分泌のためのホルモンであるオキシトシンなどによるものらしい。出産の痛みはもちろん尋常なものではないが、その痛みの記憶がトラウマにならないように、身体はうまくできている

のである。

　しかし、妊娠・出産が身体的・動物的な経験であり、認知・意志の力で制御することができない領域であるがゆえに、そのプロセスの中で順調ではないことが生じたときに、とてつもない不安状態に陥ってもまったく不思議はないのである。そして、その不安状態の中で、医師や保健師からさまざまな指摘をされると、それは「母としてちゃんとできていない自分」という評価としてつきつけられることになってしまう。子の存在によって「よい母」になれないという状況になると、子の泣き声が母の負情動を喚起する刺激になってしまうのである。

　虐待を受けて育った人が、子の泣き声を聞くことでフラッシュバックし、負情動が喚起されるということについては前述した。確かに、被虐待体験のある人が妊娠中に不安が高まって出産を恐れるということもある。しかし一方で、被虐待経験があったとしても、出産を通して救われた感覚をもつことができ、子が無条件に母を求めるその姿に、自分が必要とされていることを感じ、癒されるという場合も多くある。このような場合は、出産という身体的な大仕事を通して、それまでの認知的呪縛から解放され、身体に身をゆだねる状態へとうまくシフトできたということになるだろう。

　妊娠・出産の１年間は心身ともに激動の時期であり、身体に身をゆだねることに慣れていない現代人にとっては、不安状態に陥りやすい時期であるという点でリスクを抱えているのである。だから、東日本大震災の前後に出産して、食糧やガソリンが手に入らず、ライフラインの復旧も遅れた地域で過ごした母子の今後について、丁寧に注目していく必要がある。東京でさえ、乳児を抱えて揺れを経験した母たちが、尋常ではない恐怖を感じたという話を多く聞く。守らなければならない対象があるとき、恐怖はより大きなものとなるからである。

6．授乳と卒乳をめぐって

　授乳にともなう母の側の不快感は、情動調律がうまくいっていないことを典型的に示す指標であると言える。授乳することに母が不快を感じる背景には、乳首の形などの機能的な理由による場合と心理的な理由による場合とがある。響・大河原（2014）の研究では、授乳に対する心理的な嫌悪や困難（認知および情動における混乱）は、子の負情動表出を制御することに影響を与えるが、機能的な困難は無関係であることが示された。つまり、乳首の問題や母乳の出の問題で母乳を与えられないという機能上の問題は子育て困難とは関係せず、授乳をめぐる心理的な要因こそが子育て困難に影響するということである。要するに、大事なのは、泣く子を抱えて母が安心していられるかどうかという点なのである。

　授乳は、栄養摂取だけではなく、子に安心を与える手段として、重要な役割を果たしている。どんなに泣いていても、乳首をくわえると泣きやむことができるので、母乳を与えていると、乳児期は比較的簡単に泣きやませることができるものである。

　しかし、図9［24頁］に示したような愛着システム不全が起こっているときには、子に泣かれると母自身に負情動があふれてきてしまうので、単に泣きやませることを目的として、おっぱいを与えるという関係が成立してしまう。乳児期は、乳児のニーズと母のニーズが一致しているので問題化しないが、母の不快をなくすための手段としての授乳は、成長とともに子の発達のニーズとのギャップを生じさせていくことになる。

　以前は「断乳」と言われていた、母乳から食事に移行していくプロセスを、最近では「卒乳」というようになった。熊田（2011）によると、1996年の小児科医による「断乳よりも自然卒乳がふさわしい」という論文を受けて、2002年の母子保健法の改正で母子健康手帳から「断乳」の語が消えたという経緯がある。それ以後、育児雑誌の記述にも変遷があり、たとえば、

1987年「1歳3ヵ月ころまでには断乳を」、2005年「最近は2〜3歳でも飲みたいなら飲ませてもいいという考え方が主流」というような具合である（熊田、2011）。

健全な愛着が築かれている場合には、確かに赤ちゃんが自然におっぱいを卒業するという望ましい経緯をたどることもあるのかもしれない。しかし、子のニーズではなく、泣かせたくないという親のニーズのために授乳している場合には、2〜3歳まで授乳を続けることは、感情制御の点で重大な困難を抱えることにつながると予測される。

断乳のプロセスを感情制御の観点から再検討したい。断乳の機能は、乳首をくわえれば安心できるという状態から、母に抱っこされて母の顔を見ると安心するという状態にシフトさせていくことである。離乳食が進んで、ふつうのごはんを食べられるようになった1歳をすぎた適切な時期に、「おっぱいは終わり」と枠づけられることで、唇を使わなくても、母に抱っこされて母の顔を見ると安心できるという関係性にシフトしていくことが断乳の心理的意味である。実はここは、感情制御の基礎として非常に重要なところである。子が自然に、おっぱいがなくても母の顔を見ると安心するという関係性を獲得して、自らおっぱいから卒業していくというのは、確かに理想かもしれない。そこをスムーズに展開できる子もいるのだろう。しかし、子はおっぱいがあれば、おっぱいが欲しいと泣くのである。だから「もうない」という枠を設定しなければ次のステップに移行することが困難という意味で、私は断乳が必要と考える。

子が泣くと母が不安になるから、泣かせないためにおっぱいを使っているという関係性にあるとき、断乳するということは、母にとっては泣きやませる道具を失うことを意味してしまう。そのため、いつまでもおっぱいをやめられないということが起こる。2〜3歳になるまでおっぱいを与え続けているということは、唇で安心する段階から、まなざしやスキンシップによって安心できる段階へと成長していっていないという意味で、感情制御の発達に遅れが生じていると言える。

たとえば、ある母は、1歳10ヵ月になる子どもに早く断乳させたいが、母乳をあげないと泣き騒ぐから、結局飲ませてしまう。でも、いつまでも母乳を求めてくる息子にうんざりで、早くやめたいと思っているということだった。その授乳場面を見せてもらうと、子は母の顔を避けて、おっぱいのみに集中して必死に安心を得ようとしている。母はうんざり顔で子に乳房だけを与えて、スマホで気をまぎらわせている。授乳している母の顔と乳房（身体）がバラバラに乖離している状態であり、母はおっぱい以外の方法で子に安心を与えた経験がないのである。断乳がスムーズに行われるためには、子どもが母の顔を見て安心するという関係性を構築しなければならない。

　まなざしを合わせて安心できるという関わりの中で、ミラーニューロンなどの対人コミュニケーションに関係する重要な脳の機能が育つ。ミラーニューロンとは、人の共感性の発達に関係すると言われている神経細胞である。ミラーニューロンは、見たものを写す鏡のような働きをすることが知られている。子どもと親のリズムが合っており、まなざしを合わせて子に安心を与えることができるとき、子どものミラーニューロンが活性化して、共感されることによって安定につながる神経回路のネットワークが開発されていくのである（Siegel, D.J., 2010；Wesselmann, D., Schuweitzer, C., & Armstrong, S., 2013）。

　おっぱいを求める子に「終わり」を告げれば、2晩くらいは大泣きするが、そこで「終わりなんだ」という学習をすることによって、ぐんと次の段階へと発達していく。断乳すると、ごはんをたくさん食べるようになり、赤ちゃんから幼児に近くなったような顔つきになる。おっぱい（唇）による安心から、まなざしによる安心へ、それが1歳台の発達課題である。母に対しては、おっぱいを使わなくても、子の顔を見て抱いてやることで子に安心を与えることができるような支援が求められる。ここで支援することができれば、3歳くらいで著しくおちつきのない「発達障害様症状」を呈する状態になることを予防できる。そのためには、子の泣き・ぐずりを聞いたときに生じる母の側の負情動に焦点をあてていく必要があるのである。

7．乳幼児期のしつけ

　断乳すること、1歳の子におっぱいを諦めさせるということ、これは最初のしつけ場面である。しつけとは、子どもの健康と安全を守るために、子どもが獲得しなければならないことを獲得させるプロセスである。親の都合に合わせて泣かせないようにすることではない。乳児期には、子どもの健康と安全は、全面的に親が守るものである。だから、0歳児にしつけの場面は存在しない。断乳は、子どもが十分な栄養を自分でとることができるようになり、安心・安全の感覚を唇に頼るのではなく、まなざしで獲得することができるようになるためのステップとして、おっぱいを諦めるということを子どもに求めなければならない場面であると言える。

　しつけは、基本的にどのようなものであっても、図14に示したプロセスを必要とする。

　①親が枠（現実原則）をかける⇒②子どもが自分の欲求を通そうとして泣く⇒③親が子どもの思いを承認して共感を示すが、枠（現実原則）は変えない⇒④子どもが現実原則と自分の欲求との間で葛藤するのを、親は安全な関係をキープしながら待つ⇒⑤しだいに子どもは現実原則と自分の欲求とのおりあいをつけて、不快感情がおさまっていく（図14）。

　ここで重要なのは、現実原則を前にしてどんなに子に泣き叫ばれても、親が子に安全を提供し続けられるという関係性である。そして、脳の中のボトムアップの欲求と、親の「ダメ」を取り入れようとするトップダウンの情報との間で葛藤する、子どもがおさまっていくまでの時間を待ってやるという大人としてのゆとりである。

　断乳のプロセスをこのモデルにあてはめると、次のようになる。それまではおっぱいを吸いながら寝ていた子どもに、「おっぱいは終わり」と告げる。昔からある桶谷式と言われる方法では、乳房に顔の絵を書くことで、「もうおっぱいはなくなってしまったんだ」ということを子に認識させる。

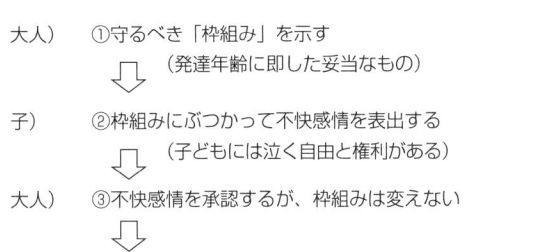

大人）　①守るべき「枠組み」を示す
　　　　　　⇩（発達年齢に即した妥当なもの）
子）　　②枠組みにぶつかって不快感情を表出する
　　　　　　⇩（子どもには泣く自由と権利がある）
大人）　③不快感情を承認するが、枠組みは変えない
　　　　　　⇩
子）　　④きちんと葛藤する
　　　　　　⇩（ボトムアップとトップダウンの情報処理の葛藤）
子）　　⑤自己の欲求の制御　⇒自律

現実原則 → 不快感情 → 安全

待ってやる
泣いたりぐずったりしていることを、そのままにしておける余裕

図14　「しつけ」のプロセス

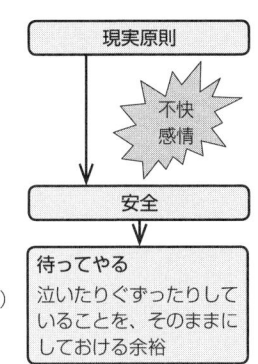

いずれにしても子にわかる形で、「おっぱいは終わり」という現実原則を認識させるのが、図14-①の段階である。すると、図14-②子は欲求不満に陥り、泣き叫ぶ。ここで子が自分の思いの表出として泣きわめくということは、育つために必要なプロセスであり、子の権利である。泣いて自分の不快感情を表出することの重要性は、第1章で述べたとおりである。泣き叫ぶ子を前にして、親は図14-③「おっぱいなくて残念だね。おっぱい欲しかったんだよね」と子の思いに共感し、おっぱいの代わりに母が抱いて安心を与えるが「おっぱいはない」という現実原則を変えないということが求められる。すると、図14-④子どもは自分の欲求を現実原則に合わせるように調整せざるをえなくなる。図14-⑤そこでおさまるまでの時間を待ってやることが、受容である。断乳の場合、泣き疲れて寝るということを3晩くらい繰り返すと、4日目くらいからは泣かずに寝るようになるものである。その間、家族の協力が必要なことは言うまでもない。父親が子の泣きをうるさいととがめれば、母が追いつめられてしまうのは当然である。子をしつけようとするときには、親のしんぼうが求められる。夫婦は支え合って、ゆるぎのない安全のもとで現実原則を貫くのである。

授乳していた期間に、日ごろから親のまなざしとスキンシップで安心できる関係性が構築されていれば、すでにそれが準備状態となっているので、そ

第2章　3歳までの子育てにおける困難

れほど苦労せずに、おっぱいを諦めていくことができる。また、その関係性ができていないのに、おっぱいを無理にやめることは、子にとっても大きな喪失になりえる。その場合は、子どもが親の顔を見れば安心するという関係性を構築できるように支援することが必要だということになる。おっぱいをやめることは、母にとっても喪失感をともなうものなので、子の成長のタイミングを見て、覚悟を決めてはじめる必要がある。なんとなくやると、すぐに挫折して、図14-③の段階で枠を変えてしまう（もう一度飲ませてしまう）ことになる。そうすることは、あらゆるしつけを困難にしていくことになるので、覚悟を決めてはじめる必要があるのである。

　次に、子どもがごはんの前にアイスクリームを食べたいと言うような場面で、図14-①〜⑤の原則をあてはめてみよう。アイスを食べてしまうと、ごはんを食べられなくなってしまうので、図14-①「アイスはごはんが終わってからね」というのが枠になる。⇒図14-②子どもは「食べたい!!」と泣き叫ぶ。⇒図14-③「ママがダメって言ったから怒ってるんだよね」「アイス食べたかったんだよね。残念だったね」と不快感情の表出は受け止めるが、「アイスはごはんが終わってから」という枠は変えない。⇒図14-④子は泣き叫びながら「今は食べられないんだ」という現実原則を受け入れるために葛藤する。⇒図14-⑤しだいに泣き方がおさまってくるころには、ごはんの時間になる。そして、ごはんを食べ終えたら、約束どおり「アイスを食べさせる」ということで、しつけは完結する。子は、そこではじめて「アイスはごはんが終わってから」の意味を理解したことになるのである。そんなことを何度かやっていると、このテーマは身について、しつけは成立したことになる。

　重要なのは、どんなに泣き叫ばれても、安定して枠を変えないでいられるか、ということである。泣きやませたいがために枠を変えてしまえば、そのときは泣きやむが、子どもは泣いたら思いどおりになるということを学習し、結果として「わがまま」になる。つまり、図14-②で不快感情を表出するのを許すから「わがまま」になるのではなくて、図14-③で現実原則を維

持することができない大人の関わりによって「わがまま」になるのである。

　1歳児の母から「どのように子どもを叱ればいいのか？」という質問を受けることがある。1歳児には、叱る理由など存在しない。1歳児がやることはすべて、生きるために必要なことである。大人が触ってほしくないものを触るにしても、それは知的好奇心の芽生えがなせることであり、ごはんをこねくりまわすことも、口から出すことも、ティッシュの箱からティッシュをすべて出してしまうことも、そうしたいからしているのであって、それは知能が発達しようとしている中で生じることである。だから、危ないもの、触らせたくないもの、食べさせたくないものについては、子どもの手の届かないところ、見えないところに置くということが、大人が子どもを守るためにやるべきことである。目の前にあるものに対して、「触っちゃダメ」「食べちゃダメ」と言ってわからせて行動を改善できるという発達年齢ではない。

　たとえば、1歳児がティッシュの箱から全部中身を出してしまったようなときに、親が「これは叱る問題ではない」と自然にわかるかどうかということ、ここは援助者にとって重要な着目ポイントである。前述したボンディングやそれに基づく愛着システムが健康に機能している場合には、こういった「感覚的な子ども理解」がおのずとできている。それは育児書による知識ではなく、本能的・感覚的に子どもを見ていればわかるものである。その感覚がなければ、子育ては大変な重労働になってしまう。

　しかし、子の泣きやぐずりによって母の負情動が喚起されている状態においては、母の関心事が自分の負情動に対処することに焦点化されてしまっているので、子の発達状態に即した関わりをすることができなくなってしまっている。母自身のニーズに合わせて子どもへの要求水準が上がるので、年齢不相応な期待を子どもに抱いてしまうことも多い。

　援助者は、親の要求水準が子の発達にそぐわない親子に出会ったら、子の行動によって母に負情動が喚起されている可能性を視野に入れて、母のニーズに沿った支援を長い目で検討していく必要がある。単純に「この年齢の子どもに、それは無理ですよ」とアドバイスしただけでは、支援にならないこ

とが多い。

8．トイレットトレーニングをめぐって

　２～３歳になると、おむつをはずして、トイレで排泄ができるようになることが求められる段階になる。このトイレットトレーニングも、発達をうながすためのしつけである。図14［57頁］に即して考えてみよう。
　トイレットトレーニングにおける図14-①の枠は、おむつをはずしてパンツにすることである。パンツになると、最初はそのままその場でジャーっとおもらしをすることになる。これが図14-②にあたる。感情表出ではないが、単純な生理的反応である。次に図14-③は、「おしっこ出ちゃったねぇ」「びしょびしょだね」と言いながら、きれいなパンツに取り替えるということになる。そこで枠を変えないということは、もらしたからといって、おむつに戻さないということである。おしっこが出る前にトイレに行くということを、まねさせたり、お友達の様子を見せたりして教える。そして、また２時間後、ジャーっと失敗するが、同じことを繰り返す。この繰り返しの中で、図14-④と⑤のプロセスが進むのである。つまり、「おむつがない」という新しい枠に適応するために、脳が発達するのを待つ期間が必要ということである。そのような試みを何度も失敗しながらやっていると、膀胱におしっこがたまった段階を脳がキャッチして意識化して、ママに「おしっこ」と言える能力が開発されていくのである。
　このトイレットトレーニングにおいて重要なのは、失敗する体験である。だから、昔から、身体的な発達のレディネスの整った２歳の夏くらいにチャレンジするのが一般的である。濡れても寒くない、洗濯が楽などの条件からであろう。トレーニングパンツという、子どもにはもれた感覚がわかるが床にこぼれる量は少ないものなども、昔から利用されてはきた。
　排泄をコントロールすることができるようになるということは、制御の学習としてきわめて重要な意味をもつ。最近は、親が子どもの排泄の失敗を受

け入れられないがために、「おむつをはずす」という枠を維持できないということが起こっている。それにより、トイレの自立が遅れている子が見受けられる。不快感のないすぐれた紙おむつのせいだとも言われているが、いずれにしても、親が発達年齢に合わせて、おむつをはずす決心をすればよいだけの話だ。日中の排泄については、ある一定の年齢がくれば自然にできるようになっているようだが、夜間については、小学校にあがるころになっても夜間の紙おむつをはずせない子が見受けられる。子どもの脳が、膀胱に尿意を感じて目をさますように発達するためには、叱られることのない「失敗経験」が必要なのである。いつまでも紙おむつをしていれば、寝ている間は、赤ちゃん反応が抜けずに、知らないうちに排泄しているという状況が続いてしまう。紙おむつに排尿されるから紙おむつをはずせない、はずさないから夜尿の習慣が継続するということが起こってしまう。

　学校で突然きれるなどの感情制御の問題を抱えた子どもが、夜尿も抱えていることは多い。私は、第5章で説明するEMDRセラピーという方法論を用いて心理治療を行うが、感情制御できるようになることと並行して、夜尿も自動的に改善されることをよく経験する。だから、排泄のコントロールと感情制御は非常に近い関係にあるように思う。

　断乳にしても、トイレットトレーニングにしても、基本的な子育てにおける発達を支えるしつけをスムーズに行っていくためには、親が子のネガティヴなものをあって当たり前のものとして受け入れているということが前提として必要なのである。Affect Phobiaの状態にあると、泣き・ぐずりだけでなく、物理的な子どもの排泄物なども受け入れられず、汚いと感じてしまうということも起こる。健全なボンドとボンディングが成立していれば、母にとって子どものうんちは汚いと感じる性質のものではない。子の失敗をあって当たり前のものとして受け入れることができれば、トイレットトレーニングにおける失敗はかわいい笑い話である。トイレのしつけで叱責や体罰をしてしまっている親は、子の失敗に際して、とてつもない負情動があふれてくる体験をしていることになる。それは、親自身の生い立ちの記憶と関係して

いるかもしれない。援助に際しては、子の排泄の失敗によって親がどんなふうに不快な気持ちになるのかに注目し、支援することが求められる。

9．泣かないで言うことを聞く「よい子」にすることの危険性

　1歳児が自分の頭を叩くなどの自傷をするという話を最近よく聞くようになった。たとえば、子どもが砂場で楽しく遊んでいた。帰る時間になって、母が「もう帰るよ」と言う。子はもっと遊びたいと泣く。母はそこで、うんざりという顔になる。すると子が、自分の頭を叩きはじめる。子のそういう反応を見て、母は「叩かないの！」と叱る。子はますますパニックになる。そんな様子を見ていた他の母が、「うちのも前にやったよ。でも、放っておいたらやらなくなったから大丈夫じゃない？」と言う。

　ここで何が起こっているのかを、図14 [57頁] に即して解説したい。「もう帰るよ」というのは、しつけの図14-①の枠の提示である。そこで子どもが泣いたのも図14-②の当然の反応である。それを受けて母は「うんざり」顔をするという点が、図14-③と異なる点である。母の「うんざり」顔は、子の不快感情の表出を否定する関わりであり、子は自分が不快感情を表出したことで愛されなくなるのではないかという不安に陥る。そのため、もっと遊びたいという欲求（ボトムアップ）が出てくる自分をダメなものと認識して（トップダウン）、自分を叩くのである。たった1歳で、こんな反応をするのである。

　それに対して、「放っておいたらやらなくなった」というのは何を意味しているのか？　第1章で、辺縁系からあふれてくる不快感情や身体感覚を否定されると、親に適応するために一次解離反応が生じるということを説明した。「放っておいたらやらなくなる」ということは、この反応が生じたことを意味していると推測可能なのである。子は、親に愛されるために生きている。どうすれば親に適応できるのか、そのために脳は情報処理しているのである。母に愛されるために、もっと遊びたいという欲求を捨てること、自身

の辺縁系の欲求を捨てることは、乳幼児にとっては容易なことなのだ。わずか1歳のときからこのような反応をするということが、子の健康な発達を損なうものであるということを、専門家は知っていなければならない。

　1歳児が「帰りたくない」と泣いているなら、親は「残念だね、また明日ね」と、帰りたくないと感じている子どもの気持ちは当然のものと承認しながら、泣いているままに抱きあげて、おんぶひもで背中にくくり、泣かせながらよしよししながら帰る（＝現実原則を貫く）というのが、昔ながらの子育ての光景である。この関わりは、おのずと図14のしつけのプロセスを実現していることになる。

　ベビーカーに乗せるためには子どもを泣きやませないと確かに危険だ。だから「泣きやませないと帰れない」となると、子育ては大変な重労働になる。子どもはそう簡単に都合よく泣きやんではくれないからだ。泣きやまない自分を前に困惑している母の顔を見た1歳児はパニックになり、自分の頭を叩くのである。わが子の発達段階を見て、子どもに合わせた方法を選択する柔軟性（「おんぶじゃないと帰れない＝格好悪いけどしょうがない」と判断すること）は、前述した1歳児がティッシュの箱から中身を出してしまっても「それは叱るべき問題ではない」と自然にわかるということと同じことである。

　親が子の泣きに対して負情動があふれてくる状態にあり、その嫌悪感のままに子どもを叱ったり無視をしたりすれば、子は強烈な「見捨てられ不安」を体験することになる。それは子どもにとっては危機であり、第1章で述べたFight/Flight/Freeze反応が生じる。過覚醒状態で自傷した子は、いずれ一次解離反応に転じて、環境に適応する道を選択する。親に適応した「よい子」になるのである。このような反応によって自傷しなくなることは、決して健康な方法ではない。

　もちろん、子がぐずってごねているときに、状況を悪化させないために、刺激を与えないという意味で「無視」をするのは妥当なことである。しかし、それは子の不快感情表出を前にして、親に負情動が喚起されているよう

な状況ではなく、その状況を受容できているという前提においてである。親が身体の中で嫌悪感を抱いている場合には「無視」は子に脅威を与えるものとなる。

　弟が生まれて嫉妬心から弟に攻撃をしていた3歳児が、父に厳しく叱責された結果、まったく見違えるように立派なお兄ちゃんになった場合も、嫉妬心を抱えていては愛されないという環境に適応するために、一次解離反応が起こったと見ることができる。下の子が生まれたとき、赤ちゃん返りでその嫉妬心を処理しようとする幼児の退行方略は、自分に必要なものを親からもらうために有効な方法であるがゆえに健康な反応だが、一次解離反応により嫉妬心をないことにする防衛反応は、成長してからの攻撃性につながる可能性があり、好ましくない。下の子が生まれたら、やきもちを焼いて、よい子ではいられないのが当たり前の姿である。

　お受験塾に行くことをいやがっていた幼児が、どんなに抵抗しても無駄だという経験を繰り返すことによって、あるときからコロッとがんばる子になったということも、よく耳にする。だから、大人はそのように幼児を追いつめることが正しいことなのだと誤解をしてしまう。幼児は、幼児であるがゆえに、大人から愛されるために自分をゆがめて適応することが可能なのである。だから、大人の都合に合う子どもを作るために、子を追いつめて、言うことを聞かせるという方略が、幼児期には残念ながら成功してしまう。お受験ママたちの間では、「チックが出てこそ一人前」というような完全に間違った恐ろしい認識がまかり通っているという話も聞く。子どもは自分の夢を実現するためのロボットではない。チックは、今の環境が自分に合わないことを示すSOSのサインである。そのサインを無視すれば、その後の成長発達が保障されるものではない。

　幼児は親の望みに従おうとする存在だからこそ、親の望みが子どもの身体反応を無視するものであれば、その結果、第1章で述べた感情制御の発達不全を抱えた子どもが生み出されていくことになる。大人に適応するために抑えこんだ欲求不満と怒りは、他者を攻撃するエネルギーとして蓄積されてい

くので、いじめをする気持ちの源ともなるのである。

10. IT化時代だからこそアナログ子育ての重要性

　乳幼児の子育てがこんなにも困難になっている背景には、そもそも泣くことはよくないことだとの認識が関係している（響・大河原、2014）。泣くことには重要な意味があり、感情を育てるために重要なことなのだという心理教育や啓蒙は、親が子の不快感情を受け入れていくために必要だろう。
　IT化時代にあるからこそ、子どもの感情を育てるために何が必要なのかということをきちんと意識していかなければ、子どもの健康な育ちは守れない。子どもが不快感情に支配されてぐずっているときに、親との安心できる関わりによってその感情をおさめていくことの重要性は、第1章で詳細に述べてきた。
　しかし、現実には、子どもの不快感情は、ゲームやスマホのアプリなどの刺激によって気そらしをすることでおさめられていることが多い。スマホの子育てアプリの中には、子どもの感情を制御するためのツールとして開発されているものもある。
　自分の不快感情を、物に頼ることで処理する方略を幼いうちから学ぶということは、将来的な「(物質) 依存」の病理の基盤を作ることにもつながってしまう。「(物質) 依存」の病理とは、不快感情を物質（アルコール・薬物など）によってしか処理することができない状態に陥ることである。中高生のメール依存、ネット依存、ゲーム依存は、不登校問題ともからんで深刻な状況にある。予防という点からは、乳幼児期に自分の不快が親のまなざしとスキンシップによる安心に包まれることで処理されていくという経験を積むこと、その中で、第1章で述べた感情制御の脳機能がきちんと育つことが求められる。人との関係を通して、不快な感情を安心によって制御できる力が育っていれば、メールやネットやゲームなどは便利で楽しい道具としてのみ存在し、不安やストレスを処理するための依存対象にはならないのである。

IT化時代の恩恵を受けるためには、私たちが何のためにIT機器を利用するのか、ということをきちんととらえることが必要である。中邑賢龍氏（東京大学先端科学技術研究センター人間支援工学分野教授）は、発達障害のある子どもたちがIT機器を利用することによって豊かに育つことができると説いている（中邑・福島、2012）。この場合の利用は、「障害」となっているところをIT機器で補うということであり、それは、視力の悪い私たちが眼鏡をかけるように、不足しているところをIT機器で補うということなのである。これだけ進歩し、これからも進歩していくスマホやIPadのような機器は、ロボット化して、私たちの生活や身体機能の一部を助けてくれる存在になっていく。そういう時代において、重要なこと、しっかり認識しなければならないことは、IT機器は「認知機能を代替えする機器」であるという点である。決して、大人の都合がよいように子どもの感情を制御するためのツールではないという点である。認知機能を代替えするもの、それは脳機能で言えば、皮質の働きの代用である。本能的に人間の身体を守る辺縁系の機能をIT機器によって制御すれば、そもそも人として育たないことになるのである。IT化の時代の中で、正しくIT化の恩恵を受けるためには、この本質をとらえておく必要がある。

　私は、中邑氏の講演を聴いて、発達障害のある子どもにIT機器の利用を説く中邑氏も、子育てにIT機器を使うなと主張している私も、結局は同じことを言いたいのだということを知ったのである。障害があるという現実を受け止めることは、ネガティヴなものをそのままに抱えるということでもある。もしも、障害があることを受け入れられないままにあって、障害があることをネガティヴにとらえている人が、障害のない子に追いつかせようとするためにIT機器を利用するとしたら、それは子どもに多大な負担をかけるだけになるだろう。つまり、IT機器を眼鏡のように利用することができるためには、障害があるということ、みなと同じではないということが、まったくプレーンな現実として受け止められる社会（バリアフリー社会）であることが必要であり、それは私たち大人がAffect Phobiaから解放されるとい

うことでもあるのである。それを前提とすれば、子どもたちがIT機器の使用を通して能力開発されることは素晴らしいこととなる。しかし、子どもの感情を大人の都合に合わせて制御するためにIT機器を使ったなら、それは恐ろしい子どもを育てることになると、私たちはふまえておかなければならない。

児童精神科医からの一言③
「薬はいつまで続けるもの？」という素朴な疑問

　元来、薬物療法は、身体に起こるさまざまな症状に対して行われてきたものである。基本的には、症状が軽快・回復すれば、薬物療法はその役割を終了するというのが原則である。

　風邪薬を例にあげる。まず、風邪をひいたことで発熱、のどの痛み、咳、鼻水の症状があったとして、決められた量の風邪薬を飲みはじめる。風邪の症状がまったくなくなるまで、決められた量の風邪薬を飲み続ける人はどのくらいいるだろうか？　多くの人は、熱が下がり、のどの痛みがなくなり、咳が減り、鼻水が軽くなると、風邪薬をやめるか、服用する回数や量をおのずと減らすだろう。多くの人が、風邪の回復期には、食生活に気をつけたり、身体を休めたりすることが大切だと経験から知っているからである。子どもの精神科領域における服薬の原則も、風邪薬とまったく同じである。

　精神科領域においては、確かに現状では、長期間の薬物療法を必要とする精神疾患（典型例としては統合失調症や感情障害など）がある。しかし、子どもがこれらの精神疾患を発症することはきわめて稀である。

　子どもに精神科領域での薬物療法を行うということは、そのこと自体が最終手段である。しかもその場合も、短期間かつ可能な限り単剤で、症状消失後はすみやかに離脱を施行することが重要である。子どもの場合、まず慎重で正確な総合的診察に基づく診断から、さまざまな環境調整、心理療法（遊戯療法や行動療法、家族療法）を行うことが基本となる。

　また、子どもとその家族と医師との信頼関係を構築することの重要性は言うまでもないだろう。その信頼関係が存在すると、プラセボ（たとえば乳糖）という偽薬でも、特に子どもの場合には服薬効果がある。個人的な経験では、保護者に丁寧に説明したうえで、「乳糖＋ビタミン剤顆粒」を水薬や粉薬にして子どもに渡し、子どもに「これを飲めば大丈夫」という安心を与えることで十分な効果をあげたことがある。子どもと医師との信頼関係が一番の治療薬になることもまた事実である。

（鈴木廣子）

児童精神科医からの一言④
よい精神科医とは

　よい児童精神科医を見分けるポイントを4つあげる。

　1つ目は、精神科医が「話を聴く姿勢、雰囲気がある」「親や子ども、家族の存在を尊重する」「子どもの年齢や発達状況に合わせて話を聴く」「子どもや親の訴えを最後まで聴く」ということである。

　そして、2つ目は「診断が的確で、その治療に入っても、まずは環境調整からはじめて、投薬はあくまで補助、薬物投与が必要になっても、少量で、多剤併用はしない」精神科医である。

　さらに、3つ目は、精神科医が「服薬後の子どもや親からの訴えを尊重する姿勢」をもっている。

　最後の4つ目は、精神科医が「薬の副作用は我慢するしかない」「薬を飲んでいるのだから、多少勉強ができなくても諦めなさい」「一生、薬を飲むしかない」などの発言をしないのである。

　そして、何より重要なことは、子どもが精神科医を信頼することができるということであり、よい精神科医は、子どもや親に「安心感」を安定して提供できるのである。

　児童精神科医は全国的に不足しており、よい主治医に出会うことは難しいかもしれない。よい精神科医を見つけるコツは、精神科を受診したことのある方々からの紹介（実際の口コミ）である。

（鈴木廣子）

第3章
児童期以降に生じる困難

1. 感情制御の育ちの困難につながる不利な条件

 児童期には子どもの社会参加が重要なテーマになる。つまり、保育園・幼稚園や学校に行き、みなと一緒に活動し、学習していくことができているかどうかということを中心に親子関係は展開される。
 児童期において、子どもが不快を体験したときにどのようにふるまうかということには、すでに乳幼児期からの親子の関係性が反映され、そのパターンは定着している。第1章・第2章で述べてきたように、身体感覚・負情動を承認され、感情の社会化のプロセスを通過してきている親子の関係においては、子どもには親の顔を見ると安心するという関係性が構築されている。この場合、子どもが保育園・幼稚園や学校で不快な体験をして帰ってくると、親の顔を見るなり、泣き出したり、文句を言ったりして、自分が不快な状態であると親に伝えることができる。そして、親が関わってくれることを通して安心感を得ることができるので、「言いっぱなしで終わる」ことができる。子どもが「言いっぱなし」にできるためには、それを聞いた親がその

ことによって生ずる自身の不安にもちこたえることができているという関係性を必要とする。子どもは、安心して「言いっぱなし」にできると、不快になったその出来事は解決しなくてもおちつき、翌日また「行ってきます」と出かけるのである。児童期の子どもと親との間で、こういった場面でどのようなコミュニケーションが展開されているのかをよく聴くことが、援助者にとっての重要な仕事でもある。

　援助者は時として、子どもが親の顔を見ると安心する関係性を構築できていない親子を「問題の親子」とみなしてしまいがちだが、こういった親子は、ほとんどの場合、どうしてもやむをえない事情を抱えている。それは、親の病気など家族（拡大家族）に困難を抱えている場合、子どもが病気を抱えている場合、災害や事故などにあっている場合などである。問題は常にさまざまな複雑な事象の中でからみあって生じるものである。援助者が、やむをえない事情の中でそうならざるをえなかった問題生成と増幅のシステムを見抜くことができれば、どんなケースにもおのずと共感することができ、親子は援助者との関わりの中で光を見出していくのである。

　家族の中にさまざまな葛藤があり、大人が苦しんでいる状況にあるときには、子どもは自分の不快感情は表出せずに大人を癒す役割を獲得し、その家族の中に適応することになる。たとえば、嫁姑問題で母が苦労をしている場合、家族の介護の問題で親が苦労している場合、家族メンバーが精神疾患を抱えているとき、親ががんなどの深刻な病気を抱えているとき、夫婦が夫婦の愛情関係に葛藤を抱えているとき、きょうだいが病気や障害を抱えているときなどである。

　さらに、経済的・金銭的な問題を抱えている場合には、親に心理的なゆとりがなくなるのは当然のことである。私が子どものころ、「一億、総中流」という言葉があった。「日本国民は全員が中流階級にある」という意味だが、長い間それは当たり前のことであった。誰もが、まじめに働きさえすれば「みんなと同じ」でいられた時代だ。しかし、それがどれほどありがたい幸せな時代だったのかということを、近年は感じざるをえない。「子どもの

貧困」という問題、食費を最低限まで減らさなければ生活できない状況下で育つ子どもたちが、友達との生活格差の中でつらい思いを抱えて登校できなくなるという不登校の問題は、むしろ近年の問題だろう。まじめに働いているのに生活が安定しないという状況にあれば、泣く子を受け止めるゆとりもなくなり、子育てはハイリスクとなる。格差社会は、確実に子どもたちの学校での適応状況にも影響を与えてしまう。

　また、子ども自身が病気を抱えている場合には、病気を治すこと、病気をコントロールすることが最優先という中で、親子は必死に生きている。安静が必要であれば「動いてはいけない」と要求されるし、糖尿病や食物アレルギーなど食べることをめぐって制限が必要な場合には「食べてはいけない」ということが要求されるだろう。治療するために侵襲的な検査が必要であれば、それをいやがること、「痛い」「不快だ」と言うことは許されず、大人の言うことを聞いて素直に従うことが求められる。つまり、病気を治して生きていくために、子どもの身体から出てくる生きるための欲求を制限しなければならないという葛藤状況におかれてしまうのである。このような状況下においては、当たり前に身体感覚・負情動を否定されるという関係性に陥ってしまう。一時的なことであった場合、そして、子どもがちゃんと泣きわめくなどの表出をできていた場合には問題にならない。しかし、慢性的な病気の場合には、長期にわたってその状況が当たり前のこととなってしまうので、もしもその中でも「よい子」であったとしたら、児童期になってから、73頁以降に示すようなさまざまな感情制御の問題を抱えることにつながってしまう。

　病気を治すために制限をかけなければならないことは、やむをえないことである。大事なのは、その中で子どもが泣いたり怒ったりすることを承認されながら闘病しているか、泣かずに文句を言わずに指示に従うことが当たり前だとみなされながら闘病しているか、その違いが子どもの心理面の発達に重要な影響を与えるという点である。指示に従わなければ「死んでしまうんだよ」といった恐怖を与えることで子どもを制御して治療するようなことが

あれば、身体は治っても心理的なハンディを残してしまうことになる。指示に従えず、失敗して、喘息発作が起こったり、血糖値が上がったり、アレルギー反応が起こったりして、身体が苦しい状況に陥ってしまったときに、その恐怖は現実のものとして子どもに重くのしかかり、トラウマ反応を誘発するので、結果として病気のコントロールができない状況へと向かわせてしまう。

　大きな災害を被る体験も、大人が苦しみを抱える出来事という点で同様である。大人が苦労している姿を見ている子どもは健気になる。緊急時には、それは必要なことであり、大人は子どもたちのがんばる姿に癒される。しかしながら、大人がおちついてきたら、今度は子どもの番であるということを忘れてはならない。大人がおちついたころに、ようやく子どもは、この間に抑えてきたものの整理をはじめる。それは、さまざまな不満や怒りの表出という形をとることが多い。子どもは、子どもであるがゆえに、大人の思いもよらないような罪障感を抱えてしまっており、そのために苦しんでいることもよくある。「自分が言うことを聞かなかったから、お父さんが死んだんだ」「自分が約束を守らなかったから、地震がきたんだ」というような思いこみである。こういった罪障感は、決して語られることなく心の奥底に沈みこみ、自己否定や自己嫌悪をともなって身体の中に抱えこまれてしまい、攻撃的な表現型をとることにつながりやすい。

　援助者は、次に述べるような感情制御の発達不全状態に陥っている子どもを支援する場合には、その成育歴にこうした不利な条件・背景があるだろうことに目を向け、親の育て方の問題という短絡的なものの見方に陥らないことが重要である。誰もが必死に生きているにもかかわらず、どうにもならないことがある中で苦しんでいる。それを支援するのが援助者の仕事である。

2．「発達障害」と「発達障害様症状」

　近年は、専門家においてでさえ、感情制御困難な子ども、きれる子・かん

しゃくが激しい子を見ると、自動的に発達障害だと認識する傾向が強まっている。しかし、発達障害があるということと、感情制御ができないという問題は別々の問題である。本書では第1章・第2章を通して、親が子どものネガティヴ感情をどのように扱うかというその関係性によって、子どもの感情制御の育ちが影響を受けるということを述べてきた。

　一般に、保育園・幼稚園や学校で著しく感情制御できない状態の子どもが問題となるときには、「生来的に発達障害があって、かつ親の顔を見ると安心するという関係性が構築されていないために、もともとの発達の偏りがさらに著しく先鋭化しているケース」と「生来的には発達障害はないが、親の顔を見ると安心するという関係性が構築されていないために、感情制御の育ちが不十分で、あたかも発達障害であるかのような症状（発達障害様症状）を示しているケース」の2種がある。保育園・幼稚園では、後者を「気になる子」という言い方で表現することも多いようだ。これらは暴れている当初は区別がつかないことも多いが、場面による行動の違いがないかどうかという点には注目する必要がある。生来的に発達障害がある子どもの場合、親の前で「よい子」で、学校や保育園・幼稚園で「きれる子」という姿は見せることができないはずである。AD/HDにより多動な子どもは、幼少期にはどこでも多動であり、親は交通事故にあわせないため、迷子にさせないために大変な苦労をしてきている。幼少期に親の言うことを聞ける子で、親がたいして苦労してこなかったのであれば、小学校できれて暴れているからといって、AD/HDではないのである。いずれにしても、援助を行ううえで重要なのは、「子どもが親の顔を見ると安心する」関係性を回復させるという点である。この関係性が回復することによって、症状が改善したあと、結果として、発達障害をもっている子なのかそうではないのかがわかることになる。

　乳幼児期に深刻な虐待的環境におかれて育ってきた子どもの場合には、常に安心・安全が得られない中で成長・発達せざるをえなかったことにより、脳幹部・辺縁系と皮質の間における情報の伝達経路（垂直統合）や、右脳・左脳の情報の伝達経路（水平統合）などの発達が保障されないために、バラ

ンスのよい脳の発達・統合が進まず、結果として発達が障害されるということが起こってしまう。その場合には、感情面での調整の困難だけではなく、知的発達の遅れも含めて、典型的な発達障害の症状とは異なる「発達障害様症状」を呈することになる。学習障害の所見（認知特性のばらつき）は多くの子どもたちに認められるだろう。しかし、このような子どもたちは、安心・安全な環境の中で丁寧に育ちなおす時間が与えられることによって、徐々に発達を取り戻す可能性があるということを信じて、援助者は適切な支援を模索すべきである。

　親が子育て困難を抱え、子どもを愛せないことに苦しみ、虐待的な親子関係に陥っている場合、子どもは著しく情緒不安定で感情制御困難を示すが、専門家が愛着障害と診断しているにもかかわらず、行動抑制のために投薬するだけに終わっていることがよくある。子どもの愛着障害とは、親子の関係性への支援を行うこと、親の子育てにともなう苦しみに共感し、支援していくことが必要だということを意味している。

　子どもの「発達障害」もしくは「発達障害様症状」をめぐっては、このように親子関係における複雑な要因が関わっているので、専門家はその親にとっての「わが子を発達障害と認識することのもつ意味」そのものに目を向ける必要がある。わが子がまわりの子と同じような行動がとれないために、一所懸命叱責することで改善を試みようとしていた親が、「わが子を発達障害だと認識すること」によって、叱責しないでいられるようになるケースでは、発達障害の診断と告知は有益だということになる。このようなタイプの方たちには、ペアレントトレーニングなども有効だろう。子どもに発達障害があるがゆえに、子どもから発せられるサインが少なく、そのために親子の関わりを構築することが困難になっているケースもあり、指導を受けることが新たな関係性の構築のために有効なケースはたくさんある。

　しかしながら、「わが子を発達障害だと認識すること」が親にとっての深刻な喪失感（健康な子どもをもてなかったという感覚）を生み出し、ますますわが子を受け入れられなくなるケースもあるし、また「わが子を発達障害

だと認識すること」で親としての関わりを改善する努力を放棄してしまうケースもある。

　あるケースでは、両親がダブル不倫状態で帰宅が遅く、夫婦は葛藤の絶えない状況にあった。そんな中で、子どもが学校できわめて情緒不安定な様相を呈し、特別支援教育の巡回相談により「発達障害」と診断された。幼少期にはなんの問題もなかったものの、親は学校の勧めで、子どもが通級学級に通うことにも、心理検査をすることにも協力的で、学校が準備した特別支援教育を迷わず受け入れる。学校からは、学校の提案に協力的なので「問題のない親」と認識される。しかし、学校で起こっている情緒不安定という問題が子どもの「発達障害」ゆえに生じている問題と認識されることによって、親自身が家庭の状況を改善しようとする動機は失われてしまう。子どもの情緒不安定は、家族の安定を求めるSOSのサインであるにもかかわらず。このような場合、子どもの「発達障害」という診断が、本当の意味では子どものために役立たないことになる。通級学級の教師が、親の不倫や離婚やDVの問題の相談を抱えても、そこに限界があるのは当然である。

　自治体によっては、親へのカウンセリングなどを行う教育相談部門と特別支援教育部門とが完全に分業になっている組織もあり、「発達障害」を疑われる子どもは子ども個人の状態のアセスメントと教育に限定された視野の中で支援が検討されることも多い。しかし、発達障害があろうとなかろうと、著しい情緒不安定は、子どもが育っている環境そのものをも支援の視野に入れなければ解決しないのである。特に「発達障害様症状」の可能性が高いグレーゾーンの場合には、「発達障害」という診断と告知には慎重であるべきであり、子どもが親の顔を見ると安心するという関係性を構築できているかどうかというところの判断から支援を組み立てることが最初に求められる。ゆえに本来は、教育相談と特別支援教育は決して分業すべきものではない。

　学校で感情制御困難な子どもは、学級活動に対する加害者のポジションに立たせられることになるので、教師と周囲の子どもたちとその保護者との関係性の中で、あっという間に悪循環が構築され、その悪循環によって問題は

どんどん増幅されてしまう。このようなとき、教師にとっても、あるいはスクールカウンセラーにとっても、「発達障害」というラベルが保身のために必要になってしまうということが生じやすい。問題は「自分の力量不足」ではなく「子ども個人が抱えている障害からくるもの」であるという物語が必要とされるからである。このような文脈で使われる「発達障害」という認識枠組み（言説）は、排除の論理を助長するものであって、本来の特別支援教育が意図するところではない。「あの子は『発達』」「あの親は『発達』」という略称で語られることも多くなった「発達障害言説」は、残念ながら問題増幅に加担するものの見方である（学校の中で起こる問題とその援助方法については、拙著『怒りをコントロールできない子の理解と援助』で詳述した）。

3．解離様式で適応する子どもたちの姿

　第1章で解説してきたように、親が子どもの不快感情の表出を強く望まない関わりをしている場合、子どもは一次解離反応によって、親の前では「よい子」という姿を実現することができるようになる。これを解離様式による適応という。
　もちろん、親がわが子に「よい子」に育ってほしいと願うことは当たり前のことである。しかし、本当の「よい子」と将来心配な「よい子」との間には、実は大きな明確な違いがある。その違いは、子どもが「いやな気持ち」になったときに、その感情のままに泣いたり怒ったりすることができるかどうかという点にある。本当の「よい子」は、学校でどんなにがんばっていたとしても、いやなことがあったときには、家に帰ってくれば不機嫌に八つ当たりをして、ぐずぐずと荒れた様子を示すことができる。そして、ふとしたタイミングで「いやなことがあったんだもん」とわめき、親の胸でわんわん泣くことができる。一方で、将来心配な「よい子」は、たとえ学校でいやなことがあったとしても、家ではいつもと変わらずに明るい顔をしていて、親を困らせるようなことはない。「何かあったの？」と聞かれても、「たいした

ことじゃないよ。大丈夫」とにっこりする。

　第2章の最後に述べてきたように、乳幼児期においてさえ、すでに子どもは親に適応するために、自分自身の身体からあふれてくる感情を解離様式により制御し、親に適応する方法を身につけている。児童期に入ると、学校生活の中でほめられることにより、さらにその不快感情過剰制御の方略は強化されていくことになる。解離様式で適応している子どもは、「親の前でよい子で、学校できれる子」の姿を示すこともあれば、反対に「親の前で暴力的、学校で超よい子」という場合もある。思春期に入るまで、あるいは大人になるまで「親の前でも学校でもよい子」の姿を維持できる場合もある。近年の青年たちの「現実世界ではよい子、ウェブ上で悪い子」というあり様も、現実への適応方法として、かなり一般化しつつある。

　解離様式で適応している子どもたちは、完全に無意識に、労力を要することなく自動的に、自らの不快感情（脳幹部・辺縁系）を認知（皮質）により制御可能である。しかし、第1章の図4［17頁］に示した情動脳と評価脳との連絡がつながっていない状態になっているので、呼吸により身体のおちつきを感じるということができない。

　私たちは、緊張する場面などで、ゆっくりと深呼吸をすることで身体をおちつけるという所作を、自然に獲得して実行している。しかし、解離様式で適応している状態にあると、意識的な呼吸（皮質と脳幹部がつながる仕事）により身体がおちつくという基本的な安心感の獲得が困難になる。したがって、子どもたちに呼吸によって身体が安心するという経験をさせることは、予防的にも治療的にも大変有効かつ簡単な方法である［147頁参照］。緊張している場面では、誰しもおちついた呼吸が困難になるので、援助者との安心できる関係性の中で呼吸をしておちつける体験をすることは、自分が困ったときに呼吸をしておちつくことができるようになるための練習になる。きれるタイプの子どもたちは、深い呼吸ができないことが多い。また、適応良好な「よい子」たちは、呼吸をうながされると「恐い」と訴えることがある。呼吸をすると、身体とつながる感覚が生まれるので、身体をないことにして

認知的な適応を優先している子どもにとっては、それは未知の世界であり、「恐い」という感覚がともなうのである。だからこそ、呼吸をして自分の身体感覚とつながり、身体の安全感・安心感を確認することが、援助としてきわめて有効に働く。おちつきのない子、かんしゃくを起こす子、不安・緊張の強い子、テンションが高くてふわふわしている子、その他以下に述べるさまざまな問題行動を示す子どもたちに対して、深呼吸することで身体が安心を感じることができる能力の開発は、援助の基本となる。

　また、解離様式で適応している子どもたちは、記憶の保持にも困難を抱えることがある。解離の度合いは、記憶に影響を与えないレベルの軽いものから、記憶の連続性が失われるレベルのものまで幅が広い。問題行動を起こしたときの記憶があいまいで、なんとなくそうかもしれないけれど、自分がやったという実感がともなわない離人感に近い感覚をもつ子どもも多い。解離様式で適応している子どもは、その場面によってさまざまな自我状態（Ego State：解離障壁で区切られる状態）を体験しており、それぞれの自我状態が記憶を保持するので、異なる自我状態になると記憶の連続性が失われるということが生じるのである（Van der Hart, O., Nijenhuis, E., Steele, K., & Brown, D., 2004）（図12［35頁］）。

　最もよく見られるのは、自我状態が学校モードと家モードという２つに分かれている場合である。毎日学校で先生に叱られたり、いじめられたりしていやな思いをしていても、家に帰ってくるとその記憶は保持されておらず、家モードでは「学校は楽しいよ」という報告しかしないという状態である。子どもはうそをついているのではなく、場面が変わると自我状態が異なるので、記憶の連続性が維持されないのである。だから、学校でいやな思いをした子が、親の帰りを待って、親の顔を見るなり、わーっと泣き出すというような反応は、きわめて健康な姿なのである。不快な感情を抱えた自分でも受け入れられるという関係性の中で育つことによってのみ、統合された１つの自我状態で生きていくことが可能なのであり、いやな思いをした自分と安心できる自分とが連続性を保ったまま同時に存在できるのである。

第３章　児童期以降に生じる困難

小学生のうちは、この程度の自我状態の解離は、親の関わりを変えることで容易に修復される。多くの親が、子どもに「おかえり」と言ったあと「今日はどうだった？」と聞くとき、暗にそこではポジティヴな話を期待している。子どもはそれを汲み取って、親に適応する反応をするのである。だから親が、子どもが悲しい思い、つらい思い、いやな思いをしたときには、それを聞きたいと心から願い、子どもが体験したいやな思いを親が受け止めることで、子どもの気持ちを軽くしてやりたいと一所懸命思うようになると、「今日はどうだった？」に対する子どもの答えがしだいに変わってくるのである。本当に楽しかったときには楽しい話が、いやなことがあった日にはぐずぐずと文句を言うというような自然な反応が親の前で出ていれば、子どもは「親の顔を見ると安心する」という関係性を獲得したことになる。
　小学生の年齢で解離様式で適応している子どもたちにとっては、第1章で述べた「感情の社会化」のプロセスのやりなおしを支援することが、とても重要な援助になる。不快なことがあったときに、「死ね！」「ぶっ殺すぞ」と言う子どもは、自分の不快な身体感覚が「『死ね』という言葉」と結びついているということを意味している。自分の身体感覚に間違ったラベルがついているのである。悲しい気持ちがわいてきたり、くやしい気持ちがわいてきたりしたときに、それらは「悲しい」「くやしい」という言葉（ラベル）ではなく「死ね」という言葉とつながってしまっているのである。このラベルの貼り換えをすることが、教育であり、支援である。
　たとえば、学童クラブや児童館などで大切に作っていた工作を、他の子が間違って壊してしまったというような場面。ふだんはおとなしい子が、スイッチが入ったように怒って「てめえ、ぶっ殺すぞ！」と殴りかかっていこうとすると、多くの大人は「（壊したのは）わざとじゃないんだから」という介入をして、怒っている子どもの怒りが妥当ではないと理解させることでその場をおさめようとするのが一般的であろう。しかし、あふれてくる感情を「死ね」「殺す」という暴言でしか表現できない子どもを支援していくためには、その場に居合わせた大人が、工作が壊れて残念で悲しくてたまらないそ

の子の気持ちを汲み取り、その気持ちを言葉にしながら、その気持ちの正当性を承認する関わりが必要なのである。そしてそのうえで、「ぶっ殺す」ではなくて、「僕は大事にしていたのに！　すごく大切だったのに！」と叫ぶことを教えるのである。

　悲しみを怒りでしか表出できない状態に陥っている子どもは、年齢が上がるにつれて叱責を受けることが多くなり、結局、自分の悲しみが承認される機会を失っていくことになる。小学生のうちに、その悲しみは正当なもので、その気持ちを表現することも正当だと、大人は教える役割を担っている。そういう大人の関わりにより、子どもは不快感情を抱えている自我を解離させなくてもよい状態に導かれるのである。

4．感情制御困難と「かんしゃく」

　本来「かんしゃく」は幼児期に生じるものであるが、そのまま児童期における親子関係の悪循環につながっている場合も多い。英語では、かんしゃくは"meltdown"や"tantrum"と言われる。

　ウェッセルマンら（Wesselmann, D., Schuweitzer, C., & Armstrong, S., 2013）によると、かんしゃくは、脳機能の点からDownstairs（１階）タイプとUpstairs（２階）タイプの２種に分類できるという。第１章の図４［17頁］に示したように、感情制御はボトムアップ方向とトップダウン方向の情報処理により行われている。Upstairs（２階）タイプは幼児期に典型的なもので、トップダウン制御（認知による制御）の発達がもともと年齢的に未熟であるがために、通常発達の中でも生じるタイプのかんしゃく（tantrum）である。これは成長とともに解消していくことが多い。このタイプは、条件によって気分を変えることが可能なレベルでもある（「さあ、公園に行くよ」「ほら！　スイカ食べるよ」などと言うと機嫌がなおるなど）。ゆえに、適切な導きや説明（認知機能のサポート）が支援になる。

　しかし、Downstairs（１階）タイプは、ボトムアップ方向からあふれて

くる不快感情が尋常ではないために生じるかんしゃく（meltdown）であり、これはトラウマ由来のフラッシュバックである。そのため、幼児期をすぎても、児童期においても思春期においても継続するかんしゃくとなる。トラウマ由来のフラッシュバックとは、一次解離反応により不快感情を封印した結果、のちに圧縮された不快感情が爆発する状態のことを意味している。

　小学生になってからも、「勉強がわからない」「好きな給食をおかわりできなかった」「ドッジボールで負けてしまった」などの状況で、かんしゃくを起こし、感情制御困難を示す子どもたちは、ウェッセルマンら（Wesselmann, D., Schuweitzer, C., & Armstrong, S., 2013）の言うところのDownstairs（1階）タイプ（meltdown）にあたるのである。だから、単に「幼い」という扱いで「わがまま」と片づけるのではなく、親子関係の中で何が起こっているのかをきちんと見立て、支援に入る必要がある。解離様式で適応していて、親の前では不快感情を一切表出していない場合もあるし、かんしゃくをめぐって親子の間で悪循環が生じて、常に、かんしゃく⇒叱責⇒自己否定⇒過覚醒という循環が強化されている場合もある。子どものかんしゃくに親がふりまわされて、子どもに親がひれふしてしまうという関係にある場合もある。知的能力の面での発達障害がある場合には、認知機能が弱いがゆえにUpstairs（2階）タイプのかんしゃく（tantrum）が起こっている場合もあるので、この2つの違いをきちんと見極めることは支援を考えるうえで重要である。Downstairs（1階）タイプのかんしゃく（meltdown）に対して認知的な説明による制御を求めても、悪循環になるだけである。

5．いじめの加害と被害

　「いじめはしてはいけないこと」だと知っているにもかかわらず、いじめをする感情は、解離されている不快感情にねざしているものである。いじめをしているときの自我状態と、「いじめ防止のための授業」を受けているときの自我状態は異なるので、「なぜいじめをしてはいけないか」について立

派な作文を書ける子どもが、実際にひどいいじめをしているというようなことがふつうに起こるのである。

　そして、第1章の図10［28頁］に記載したような、「痛い」ときに「痛くない」という形で自分の身体感覚を制御することを求められてきた子どもは、自身の身体感覚を解離させているので、当然のこととして、他人の痛みはわからないという状態が生じる。虐待や体罰を受けて育った子どもは、自分の痛みを解離させているがゆえに他者の痛みがわからない。同様に、過剰に不快感情を表出しない「よい子」になることを求められて育った子どももまた、自分の痛みも他者の痛みも感じないように育っている。それは必然なのである。ゆえに、いじめは陰湿なものにエスカレートする。他者の痛みを想像することで手をゆるめるという関係性が成立しないからである。

　つまり、陰湿ないじめ加害をする子どもは、図12［35頁］に示したように、「いじめをする私」と「よい子の私」という2つの自我状態を有していることになる。「いじめをする私」がためこんでいる負のエネルギーは、さまざまな被害体験の中で承認されずに圧縮されてきた不快感情である。被害と加害は循環している。圧縮された不快感情は吐き出さないと爆発してしまうので、いじめの形で放出される。誤解を恐れずに言うならば、いじめる行為そのものも、解離様式で適応している子どもにとっては、命を守るために必然的に生じる行為なのである。だから、大人が子どもたちの「感じて当然の不快感情」をきちんと受け止めていくことが、いじめ予防のために最も重要なことなのだ。自分の不快感情を大切にしてもらった経験のある子どもだけが、「自分がやられていやなことは他者にしない」ということを実現できるのである。

　図15に示したように、いじめ被害を受けた子どもが「がんばって」「つらいと感じないようにして」登校を続けるためには、その不快感情を一次解離により封印することが必要になる。そうやっていじめられている集団に適応しているとき、子どもは安心・安全の感覚を喪失し、自信がもてず、集団の中でどうふるまってよいかわからなくなる。その結果、自己主張できず、過

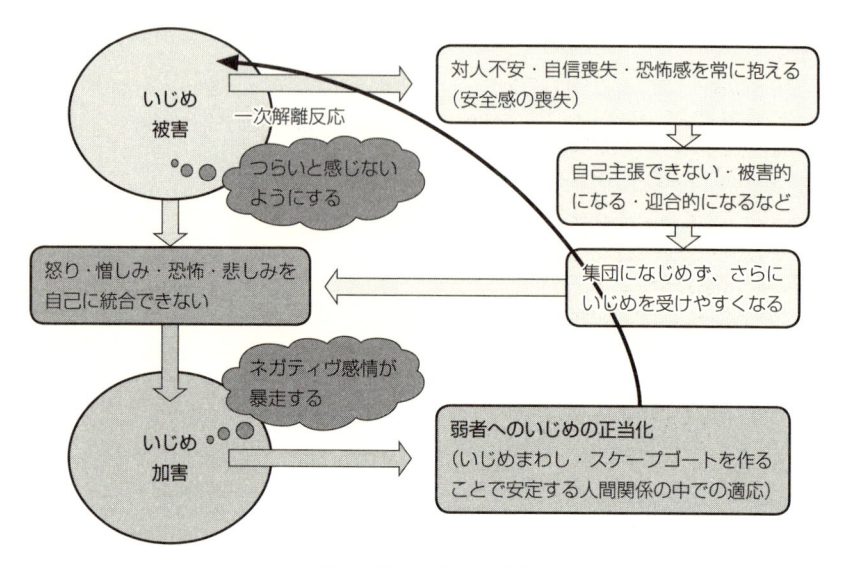

図15 被害と加害の悪循環

剰に被害的になったり迎合的になったりする。すると、ますます集団の中では浮いて、いじめを受けやすくなるという悪循環が生じ、子どもの解離様式による適応は強化されていく。ところが、そこで封じこめられてきた負のエネルギーは、集団が変わって自分の立場・関係性が上位になったときに、いじめ加害へと転じるのである。いじめられて不登校になった子どもが、小集団の適応指導教室で下学年の児童や障害のある児童に意地悪をしていじめる場合、中学校でいじめられていた子が、成績で輪切りにされた高校では成績上位の立場になり、そこでいじめ加害を行う場合などである。つまり、自己に統合されていない怒りや憎しみや恐怖や悲しみは、関係性の変化によって出口を求めて暴走しはじめるのである。

　図15に示した被害と加害の悪循環は、いじめ被害といじめ加害だけに限られるものではない。親からの虐待や体罰、きょうだいからの暴力など家庭で被害を受けている子どもは、学校でのいじめ加害、小動物への加害などを行うことがある。また、被害体験は自然災害によるものである場合も含まれ

る。親が子ども時代の被害を抱えてわが子に加害するという世代間連鎖の問題も、同じような悪循環の構造をもっている。職場で「飲めないものを飲まされている」父が、家庭で妻子に暴言・暴力を行うという構図も同じである。この悪循環から子どもを解放するためには、大人も含めて、強いものが弱いものを権力で制御する関係性から自由になる必要がある。だから、いじめ防止の指導においても、もしも教師が児童・生徒を権力で制御していじめをやめさせるという方法をとれば、問題は水面下にもぐるだけで、根本的な悪循環は増幅されていくのである。単に「いじめはいけない」「いじめをする子は許さない」と叱責を重ねても、解決にならない。

　当然のことながら、いじめ問題は、短期的には加害を止めるための集団指導を行うことが求められる。この場合は、加害と被害が循環している視点をふまえ、いじめが維持されている学級システムの問題を把握し、傍観者の立場にいる子どもたちの善悪の判断を活性化させることを重視した集団指導が効果的だろう。そのうえで、加害している子どもの背景をつかみ、その子どもが抱えている困難へのケアと支援を長期的な視野で組み立てる必要がある。

　長期的なケアにあたっては、教師とスクールカウンセラーとの連携が意味をなすだろう。図12［35頁］のように「いじめをする私」と「よい子の私」の2つの自我状態をもっている子どもは、たとえば教師の熱心な指導のもと、自分がどれほどひどいことをしたのかに気づき号泣した次の日から、今度はその子が不登校になったり、自責の念に耐えられずに死にたくなったりする場合もある。これは、解離障壁が壊れて、「よい子モード」と「悪い子モード」が統合するプロセスの途上として生じることだが、そのことを理解して適切な対応をしないと、子どもを追いこんでしまうことにもなりかねない。子どもが自らのあやまちによる罪障感を抱え、そのことと向き合うことができるかどうかは、大人（親や教師）がネガティヴ感情に苦しむ子どもをまるごと受け止める関係性を構築できるかどうかにかかっている。それを「黒子」として支えるのがスクールカウンセラーの仕事である。

第3章　児童期以降に生じる困難　85

いじめ被害にあえば、学校に行くこと、その集団に入ることに苦痛を感じ、恐怖と不快で身体が動かなくなるのが健康な反応である。それは、命を守るための辺縁系・脳幹部の反応である。幼いうちから家の中でありのままの感情表出をできる関係性が構築されている場合には、親は子どもの様子を見て、そのいじめられの訴えが、深刻なものであるのか、「言いっぱなし」にさせておけばよいものなのかの判断がつくものである。親は「子どもの顔を見ればわかる」という親の勘ともいうべき感覚をはぐくんできている。この感覚は、毎日毎日子どもの不快感情と付き合ってくる中ではぐくまれてくるものであり、「いじめられている」という訴えが、親の気をひくために多少オーバーに言っているものなのか、ここで休ませなければ大変なことになると感じるレベルのものなのかの判断は、子どもの様子を見ていれば、実は親にとってはそれほど難しいことではない。ところが、親も自分の感覚に自信がもてないために、本当は危機的であるとわかっていたのに、他者の意見にふりまわされて、自身の身体の声である「勘」の感じるところに従えず、他の価値観を優先させて、子どもとのずれが生じることがある。私はよく「お母さんはどう思うの？」「お母さんがそう思うなら、それが正しいのよ」と言う。母は子どもの命を守るために存在しているのだから、ボンディングが機能している場合においては、母の判断、母の直観は基本的に正しいのである。

　しかし、幼いうちから解離様式による適応を身につけている場合には、いじめ被害を受けていても、親はその様子をキャッチすることができない。なぜなら、子どもは親に適応するために、家では学校での不快感情を感じないモードになっているので、非言語的にも苦しい気持ちが表出されないからである。このような状態で、いじめ被害がありながらも、そのつらさを解離させて登校を続けているということが長期にわたると、解離様式による適応はかなり深刻なレベルにまで進行してしまう。その途上で子どもが限界に達し、危機的な様子を家庭で示したときに、それを受け入れてもらえない体験を重ねてしまうと、子どもは大人（親や教師）が自分を救う存在ではないの

だという学習をし、すべてを一人で抱えようとするようになる。そのような状態にある子どもは、いじめにあっていても、平然と毎日登校し、いじめにあっている場面においても、自ら「いじられている」ことを歓迎しているかのようなふるまいにも見えたり、自分から加害者に近寄り、関係を断ちたいと思っている意志が周囲に見えなかったりするということが起こる。不快な感情は解離反応によって処理されてしまうので、不快を感じているという状態が維持できず、むしろハイテンションになってしまう。この様子からは、教師や周囲の友人は、被害を受けているその子どもが深刻なダメージを受けていると認識できない。そのような中で限界に達すると、封印されていた怒り感情が爆発するといった事態が生じる。たとえば、被害を受けている子どもが、加害している子どもに復讐するかのような行動を起こし、加害している子どもの持ち物を破壊したり、ナイフを向けたりする。それは被害を受けている子どものSOSのサインとしての加害行為なのだが、その加害行為だけが注目され、叱責されるということにもなりかねない。実際に復讐行為をしなくても、そういう感情が生じてくることに苦しみ、自分を許せないと感じる子どももいる。そのようにして追いつめられていけば、子どもはすべてに絶望し、死を選択する他ないという気持ちへ導かれてしまうということも起こりうるのである。

　だから、子どもを援助する立場にいる大人は、このような解離反応についてよく理解する必要がある。子どもは表面的に元気な様子に見えるからといって、元気なわけではない。解離様式で適応している子どもは、大人に適応するために、不快を抱えたままでは存在できない状態に陥っている。だから、教師および援助者は「死にたいと思っているほどつらいことがあれば、顔を見ればわかる」という思いこみを捨てる必要がある。その代わり、「不快を感じるのが当然の場面で、きちんと不快を表出できているかどうか」というレンズを通して子どもを見ることが求められている。「いじめられている」「からかわれている」のに、へらへらしてそこにいるとしたら、すでにそれはとても心配な状態であると認識すべきなのである。危機に際して、命

を守るための脳の働きが機能していない状態だからである。「顔を見ればわかる」子どもは、不快を感じるのが当然の場面でつらそうな様子を示すので、適切な支援を得ることができる。むしろ深刻なのは、顔を見てもわからない、元気そうに見える子どもたちなのである。

では、どのように対応すればよいのか？ 不快を感じるのが当然の場面でへらへらしているとき、たとえば集団の中で恥をかいて笑われたというような場面があったときに、教師は「大丈夫？」と声をかける。当然の反応として、子どもはそういった大人の気遣いから距離をとろうとする。「大丈夫です」と即答したり、「マジ、ウザイんですけど〜」とふざけながら教師の関わりを拒絶したりするだろう。通常なら、そこで「たいしたことないのか」という判断がなされるところだが、そこでもう一歩とどまることが必要なのである。「先生だったら、すごくいやな気持ちになったと思うから、声をかけたんだよ。大丈夫ならいいけど、今のはいやな気持ちになって当然」と伝える。子どもの次の反応を期待せず、「この状況で不快になるのは当然だ」と伝えることに意味がある。ある意味「言いっぱなし」でかまわない。子どもがすぐにそれに同意することはないからである。しかし、このような関わりを、その都度繰り返し行っていくことが、子どもが自分の中にわいてくる不快感情を統合して制御することができるようになるために必要なのである。子どもたちは「どんな状況でも不快になってはならない」と言われ続けてきて、10歳すぎれば、自らにそう命じている。だから、大人がきちんと「この状況で不快になるのは当然」と教えてあげることが重要な意味をなすのである。援助者には、親に対してそのことを教える役割がある。

いじめ問題をめぐっては、子どもがいじめられていると訴えて親が学校に改善を求めるときに、事実関係の認識において親と学校との間に不一致が生じる場合がある。たとえば、子どもの「いじめられている」という訴えによって、親自身が大きくゆさぶられてしまい、親としての不安と自分自身の不安との区別がつかない状況に陥ってしまうような場合である。子育て中は自分が子どもの年齢だったころの記憶が喚起されやすい状態にあるため、子ど

もの年齢と親自身の「いじめられ体験」の年齢が同じ場合に、そのようなことが容易に起こる。そうなると、今の子どもの体験と自分の子ども時代の体験との区別がつかなくなり、学校からは親の訴えが理不尽なものに見えることになる。また、子どもが「疲れた」と訴えれば親は「がんばりなさい」と言うのに、「いじめられた」と訴えると親が過剰に共感して心配するような場合には、子どもはどう訴えれば親の関心が得られるかを学習するので、実際の体験よりも過剰に「いじめられた」と訴えるということも起こりやすい。学校は「いじめ」という言葉の使い方には慎重であり、ゆえに「それは『いじめ』ではなくトラブルです」といった言葉の定義をめぐる議論になることも多い。このような場合は、原点に立ち返り、子どもがつらい思いをしていて、それを解決したいと思っているだけという共通点を確認して、親の思いを受け入れることが子どものためにも重要である。

　また、担任教師自身にいじめ・いじめられ体験があり、そのことと向き合えていない状況にあると、自分が担任しているクラスの中で起こっている問題を正しく認識できない。親にとっても教師にとっても、いじめをめぐる問題は、自分自身の過去の記憶を引っ張り出す引き金になりうるものである。それが問題増幅を引き起こすこともあると知っておくことは、問題解決に役立つだろう。

6．「自作自演」の問題

　「自作自演」とは、誰かに靴を隠されたとか、物がなくなったとかを訴えていたが、実は全部自分でやっていたということが発覚する問題を意味している。小学校低学年から高校生にまで起こる問題である。

　幼い子どもの場合は、実際に靴を隠されたときに先生がやさしく心配してくれたという経験をしたことで、さらにその対応を求めて、その次から自作自演をすることになったというような単純な動機である場合もあるが、学年が上がってから行われるこの問題には、解離が深く関わっている。一般に、

自作自演だったということがわかると、教師は「もう相手にしない」という気持ちにさせられ、子どもに対して拒否的になってしまうことにつながりやすい。しかし、自作自演自体が重大なSOSのサインなのである。
　小学校高学年から高校生くらいのケースでは、図12［35頁］に示した解離しているネガティヴモードの自我状態が自作自演を行っているが、もう一方のよい子モードの自分はそのことを知らないということが起こる。たとえば、「教科書がなくなりました」と訴えにいくのはよい子モードの自分だが、教科書を隠したのはネガティヴモードの自分で、その２つの自我状態の間に記憶のつながりがないということが起こるのである。だから、学級指導の中で「誰か知りませんか？」と教師が投げかけるとき、よい子モードの自分は本当に誰か他の人がやったと思っているのである。中には、おぼろげな記憶として知っているような気がするが、現実感がないのでわからないという感じを訴える子どももいる。
　自作自演だから放っておいてよいのではなく、自作自演だからこそ深刻に手当を考える必要があるということなのである。この場合、これまで述べてきたように、幼いころから基本的に解離様式で適応してきたのだろうと推測されるが、それに加えて、今、緊急になんらかのSOSを発しているということに目を向ける必要がある。「なぜ今、自作自演をする必要があるのか」という点が重要なのである。いじめられているのかもしれないし、家庭に何かあるのかもしれない。注目を獲得することによって何を得ているのかという点からSOSの意味を考えることが重要である。
　ある中学２年生は、自分で自分の靴箱に「死ね」と書いた紙を入れて、教師に報告していた。教師はこの子がいじめられていることはキャッチしていたので、厳しくクラスに指導し、昇降口に目を配るようにした。ところが、そこで教師に目撃されたのは本人だった。自作自演ということが明るみに出たことで、教師は本人を厳しく指導し、それで「一件落着」となった。しかし、この子は実際には別の方法でいじめられていたのである。つまり、いじめられているつらさを解離させて、よい子モードでクラスに適応しているも

のの、自分で自分を救うために、解離しているネガティヴモードの自我状態が、いじめられていることを教師に伝えようとして、自作自演の被害を工作したのである。もちろん、よい子モードにとっては無意識である。耐えて我慢しようとしているよい子モードと、我慢できないと抵抗するネガティヴモードが競合しているために起こる現象であると言える。残念ながら、自作自演が明るみに出ることで、さらに教師はこの子のいじめられを放置することになってしまった。

　このようなことにならないために、自作自演には必ず意味があるということ、しかも緊急性を要する問題を抱えているということを押さえておく必要がある。子どもは常に生きるために問題行動を起こすのである。

7．学業不振の問題

　学業不振の問題については、その問題がアンダーアチーバー（能力はあるのに学習が蓄積されない）なのか、もともとの能力の問題なのか、学習障害（認知特性の偏り）の問題なのかをアセスメントすることがまず求められる。

　もともともっている知的能力のわりに学習成果があがっていない子どものことを「アンダーアチーバー（underachiever）」という。知的能力よりも達成度が低いという状態を表す言葉である。なぜアンダーアチーバーが生じるのかということの1つの理由として、ここで述べてきている解離様式による適応という問題が関係していることがある。

　学習を行うためには、問題がわからなくて「不安でいやで面倒だと感じる気持ちのまま、そこにとどまること」がおのずと求められる。ところが、学習している最中に不安になったり面倒になったりすると、ぽーっとしてしまって、いつの間にか授業やテストが終わってしまうということに苦しんでいる子どもがいる。学習にともなう不快感情が喚起されると解離してしまうのである。授業中の誤答により笑われたり、できないことで叱られたりといった、学習にまつわる不快な体験がトラウマ（マイナートラウマ）となり、そ

れ以後、学習中の不快が引き金になり、解離状態に導かれてしまうのである。本人は、気づくとテストが終わっていて答案は真っ白のままだったり、いつの間にか授業が進んでいてどこをやっているのかわからなくなったりするという体験をしている。

　このような状態にあることを、子どもが自ら話すことは難しい。なぜなら子ども自身、自分がなまけていて集中していないのが悪いからだと感じるからである。しかし、こういうことが起こりうると知っている援助者が子どもをよく観察すると、その状態を把握することができる。「わからなくなると、時間が飛んじゃったり、真っ白になっちゃったりすることあるかな？」と尋ねると、子どもは自分の状態を言葉にしてもらえたことに安心する。

　学習をめぐってのトラウマがある場合（学習にまつわる不快な記憶のために学習を嫌悪する状態）には、その不快な記憶の処理をうながす心理治療（EMDRセラピー）が有効だが、まず大人は「不安はあって当たり前、面倒な計算をするのがいやだと思うのも当たり前。そう思うことはふつうのこと」と子どもに教えてほしい。大人は誰しもそういう思いを経験したことがあるにもかかわらず、それを認めてしまうと子どもが学習しなくなるのではないかという心配から、学習にまつわる不快感情を否定してしまう。それによって、子どもはあふれてくる不快感情を消そうとして解離してしまうのである。

　学級経営の中で、教師が「誤答」や「やりたくない気持ち」をどう扱うのかという点も、学習トラウマを生まないためにとても重要である。「間違うことは悪いことじゃないんだよ」と熱心に子どもたちに伝え、毎回間違いの中から学びを構成していくような授業を展開している教師のクラスの子どもたちは、間違うことを恐れないでいられるので、心に余裕が生まれ、結果として学習意欲を維持できるのである。「間違わないように努力すべき」「常にやる気をもつべき」と指導されている子どもたちは、やる気をもてない自分には価値がないとみなし、自分を嫌いになり、意欲が低下する。

　小学校低学年なのに、間違いを恐れて隣の子の解答を必死で盗み見ようと

したり、誤答を書きなおして「間違わなかったこと」にしようとしたりする子どもたちがいるが、この子たちがなぜそのように追いつめられているのかを把握して、「たとえ間違っていやな気持ちになったとしても、それ以上は何も悪いことは起こらない」ということを、学級の中で繰り返し体験させる必要がある。スクールカウンセラーは心理の専門家として、学習の間違いを罰すれば逆に学習への意欲がなくなるということに関する心理教育的情報提供を保護者に積極的に行い、親たちが抱える「学習不安」を受け止める役割を担うことが必要だろう。

　学習時の不快な感情を自覚し、それは当然の感情であると感じることができて、そう思っていること自体を受け入れられるようになると、深呼吸をすることによって、「学習不安を抱えたままでそこにいること（不安でいやだけど問題を考えること）」が可能になる。その状態があってはじめて、学習が成立するのである。もっている知的な能力を発揮するためには、辺縁系・脳幹部のレベルでの安心・安全が必須である。身体がおちついていない状態で知的活動を行うことは、そもそも不可能なのである。体罰を与えながら勉強させれば、簡単に解離することになる。だから、教室での「きれる子」「かんしゃく」の問題は、学習不安を引き金にしていることが多い。

8. 不登校という問題

　不登校が起こる理由はさまざまだが、共通しているのは「子どもが学校にいることに苦痛を感じている」という点である。学校にいることに苦痛のない子は、心理的問題を抱えていても登校はする。さらに「不登校児になれる子」は「家に居場所がある子」ということにも注目しておく必要がある。

　子どもが不登校になると「親に問題がある」と思われる人も多いが、これだけ子育て困難が日常化している時代においては、自分の危機に際して不登校を選択できる子どもは、「挫折した自分を親は見捨てない」という確信をもっている子どもである。虐待がある場合、あるいは「学校に行くことがで

きないような子は愛せない」と親が本気で思っている場合には、子どもは不登校を選択できない。その場合、学校での苦痛は解離されてしまうので、登校し続けることはできるが、自殺企図も含んださまざまな「SOSとしての問題行動」を展開することになる。不登校の支援に際しては、「子どもが親を信頼しているからこそ、不登校という状態を選択することができている」と親に伝えることが、親を勇気づけるだろう。

　子どもが「学校で苦痛を感じる」理由は、大きく2つに分類される。子ども個人の要因が主である場合と、環境要因が主である場合である。個人の要因が主である場合とは、子ども自身の不快耐性が弱い（感情制御の発達不全がある）場合や、過去のトラウマ（不快な記憶）が現在に影響する状況に陥っている場合などがある。環境要因が主である場合とは、学校システムに機能不全があり、登校すること＝「機能不全システムに適応すること」を求められるという状況にある場合である。学校システムの機能不全とは、いじめがある、学級崩壊している、教師が教師として機能できていない（メンタルヘルスに問題を抱えているなど）状態にある、恐怖を与えられる状況などである。

　不登校の中には、異常な環境に対する健康な反応としての不登校もあるということを、援助者はしっかりと把握する必要がある。

　ある小学4年生の女子は、グループの中でいじめまわしが起こり、自分がいじめられのターゲットになっている間は、毎日家で泣いていたものの、なんとか登校を続けていた。しかし、ターゲットが別の子どもに変わり、自分がいじめをしなければならない状況におかれたときに登校できなくなった。この子は「自分がされていやだったことを他の人にすることはできないから」と泣いた。

　このように健康に育っている子どもが不登校になったとき、それは「自分の身を守るための正しい選択だ」ということ、「あなたはとても健康だ」ということを、大人は子どもに教えなければならない。環境システムの機能不全を改善する責任は大人にある。「自分は間違ったことをしていない」と大

人に承認されることによって子どもが安心感・安全感を取り戻せば、よりよい環境とタイミングを選択して、前に踏み出す勇気とパワーを得ていくことができる。「不登校＝心の問題」というステレオタイプなものの見方から自由になり、専門家は状況をきちんと見立てる力をもつ必要がある。多くの子どもが「自分がされていやだったことを他の人にすることはできない」という葛藤を回避して、無意識に解離様式による防衛を選択し、加害と被害を繰り返しながら適応している現実こそが「心の問題」なのである。

　学校に苦痛を感じる理由として個人要因が大きい場合には、年齢相応の不快耐性が育っていないケースが多い。不快耐性が育っていない状態とは、第1章で述べたように、不快になったときに、その不快を承認されることで安心につながるという基本的な感情制御の方略に弱さがあり、年齢相応の段階に育っていないということを意味している。教室にいれば、間違った答えを言って笑われていやな思いをしたり、友達に「教科書貸して」と言ったのに貸してもらえなかったり、徒競走でビリになったり、先生に自分の気持ちをわかってもらえなかったり、どうしてもなりたかった係になれなかったりといったような不快体験は、毎日当たり前に起こる。こういったレベルの不快を感じることは、子どもの成長にとって必要なことでもある。不快と安心が同居できる子どもは、いやな気持ちになっても、「そのまま」にしておくことができる。しかし、不快な気持ちがあってはならないと思っている子どもの不安は、あっという間に巨大化してしまうのである。しかし、本章の冒頭に述べたように、子どもが年齢相応の不快耐性（感情制御の育ち）を獲得できない背景には、やむをえないさまざまな事情があるということへのあたたかいまなざしが必要である。

　小学1年生が新しい環境に適応する際に、不安を感じて教室に入ることができない場合には、親が同伴登校して教室によりそうことで慣れさせていく方法をとることが多い。1週間ほどつきそうことで徐々に慣れて集団適応できれば問題ないが、逆に親がつきそっていることで分離不安が生じて、さらに親から離れられなくなるという場合もある。子どもが親を求めるのは、親

と一緒にいると不安ではないからである。ある意味、愛着が形成されているからこそ、子どもは親を求める。しかし、次の段階として必要なのは、子どもが教室で不安を感じたときに、先生の目を見ると安心することができるという担任との関係性の構築である。親が同伴登校をする目的は、子どもと担任との関係ができるまでの間のつなぎである。ゆえに、親のつきそいを求めている間に、子どもが教師に安心感・信頼感をもてるような試みの工夫が必要になる。子どもの心の育ちにおいて「親の顔を見ると安心する」という関係性が重要であることを述べてきたが、それができている子どもは、教師の顔を見ると安心するという関係性を構築することが容易になる。スキンシップがなくても「目を見て、話を聞いて、それで安心する」という学校適応に必要な力が容易に獲得されるのである。

　一度学校に適応していた子が、なんらかのきっかけから登校できなくなる場合には、必ずその子どもは「大きな不快」を処理できなくなっている状態にある。不登校の初期段階では、子どもは学校に行かなければならないと思っている意識（認知）と、身体からわきあがってくる不安・恐怖・不快（身体感覚）やそれを表現できないために代わりの表現として現れる身体症状（腹痛や頭痛など）と戦うことになる。この戦いは消耗につながるばかりで建設的な変化を生み出すものではないので、一般に不登校対応としては「登校刺激を与えない」「登校を無理強いしない」というのが鉄則となっている。

　しかし重要なのは、子どもが自分の身体からわいてくる不安・恐怖・不快の正体と向き合う仕事を支援していくということである。前述した「いじめをできないから登校できない」小学４年生の女子のように、その不安が健康な不安である場合もある。しかし、不安が封印されて意識化されていない場合には、子どもも親もなぜ学校に行けないのかがわからないという状況に陥る。私の経験では、治療終結の段階になって、ようやくそもそも何が原因であったのかが明らかになるケースが多い。

　たとえば、ある小学２年生の女子の事例では、教室が恐いと訴えて登校できなくなったが、当初、子どもが何を恐がっているのか、母はその理由がま

ったくわからなかった。しかし、不登校になる2ヵ月前、男子3人が教室でけんかをしていて、追いかけられた子がはずみで転んで、頭を怪我して大量出血する事態となり、救急車で運ばれるということがあった。この子はその様子を一部始終見ていたが、自分もそこにいたと言えずにいたのである。他の子どもたちは、家に帰ってわんわん泣いて報告したので、目撃者の母たちは自分の子が恐い思いをしたということを把握していた。しかし、この子は何も言わなかったので、母はまさかその場面に自分の娘がいたとはゆめゆめ思わなかったのである。日ごろから「親の顔を見ると安心する」という関係性にない場合には、恐怖はその場で解離されてしまうので、家に帰ったときには覚えていないということが起こるのである。解離された記憶はトラウマ記憶となり、教室に行こうとすると恐怖を感じて登校できないという状況を生み出す。しかし、子ども自身もなぜ恐いのかはわからないという状態に陥っていたのである。

　ある小学3年生の男子の事例では、急に外に出ることを拒否するようになり、登校できなくなっていた。両親には理由がまったくわからなかった。しかし、この子は深い罪悪感に苦しんでいたのである。近所に住む小学6年生の友達の家（父子家庭）に遊びに行ったときに、その子の父親がDVDにセットしたままにしていたアダルトビデオを偶然見てしまい、その子にさそわれるままに真似をして遊んでしまった。その後、自分がとても恐ろしいことをしてしまったような気持ちにおそわれ、外出することに恐怖を感じ、登校できなくなっていった。これは、大人の不注意による性被害でもある。子どもは思いもよらないところで、交通事故や災害にあったかのように、心に傷を負ってしまうことがある。

　このような封印された記憶がトラウマとなり、現在の生活に巨大な不安や恐怖を喚起して、登校できない状況を生み出しているケースは実はとても多いのだが、当初、そのトラウマの存在を知ることはできないのがふつうである。したがって、原因を探ることにこだわることは、効果的な援助にならない。不安や恐怖を感じる体験をしても、もしそのときに封印せずに（一次解

離してしまわずに）その場で表出する（泣く、怒る、わめくなど）ことができていれば、トラウマにはならない。だから、どのケースにおいても、援助の基本は、親が子どもの不快感情を大切にする関わりをできるようにし、子どもが親を見れば安心するという関係性を再構築することである。学校に行くことができずに欠席している間に、親子のコミュニケーションの回復が可能になると、現在の日常生活の中で、子どもは自分の不快感情にふれられるようになる。そういった現在の変化を通してはじめて、当初、何があったのかが明らかになるのである。そして、明らかになったときにはすでに先が見えている段階である場合が多い。だから、原因がわからないと治らないという常識的発想にとらわれるのではなく、現段階で、子どもが不快をちゃんと抱えられるような関係性の再構築を支援することが、不登校のさなかにおいてやるべきことなのである。

　第1章において、不安・恐怖などの不快感情の処理が脳の中で行われることを説明した。子どもが学校に行けなくなっているときには、脳の中で巨大なストレス（不快感情）を処理しきれない状態に陥っている。そのため、通常の感情制御の機能がうまく働かなくなってしまっている。通常の機能の回復のためには、何より「安全な環境での睡眠と自由」が必要なのである。脳の情報処理機能は、安全で静かな環境の中ではじめて修復をはじめる。何時間寝ても寝続けるような状態のときには、子どもの脳が回復のための睡眠を必要としている状態にあるということである。脳が回復のための作業をしているときには、目に見える行動としては何もしていなくても、実は「忙しい」のである。脳がたくさんのエネルギーを使っているからである。ストレス対処で疲れきった脳の情報処理機能が回復してきたサインは、子どもが「ひま」「退屈」と訴えはじめることである。その段階にくると、おのずと外に出たいという欲求が生じ、学習意欲を取り戻し、実際に学習を行うことができるようになる。不登校の間の生産的なことを何もしないという状態は、子どもにとっては自己治癒行動なのだが、親にとっては「こんなになまけていていいのだろうか」という大きな不安を引き起こしてしまう。その親の不

安により、親子の葛藤が高まると、家が安全な環境ではなくなり、脳の情報処理機能の修復作業が遅れ、その結果、不登校が長期化してしまうのである。

　だから、子どもが相談に来られないとしても、親だけがカウンセリングを受けるということには重要な意味がある。援助者は、子どもを愛するがゆえに不安でいっぱいになっている親を支えて、子どもの自然治癒力を高めるような親子関係の構築を支援するのである。面接の基本は、親が子どもを愛していること、そのことが大きな支援の力になることをふまえて、親自身が「自分には子どもを守る力がある」と再確認できるような面接を行うことである。不登校の原因や子育ての問題点を探し、親が自信を失うような面接では、問題を増幅してしまうだろう。

9．思春期と依存の問題

　小学校高学年から中学生・高校生になると、生活が親の管理下から離れるために、ゲームやネットへの「（物質）依存」の問題が親を悩ませることになる。そして、この依存の問題と不登校の問題は同時にからみあっていく。第2章［65頁参照］にも記載したが、「（物質）依存」とは不快感情処理の方略なのである。依存の状態とは、いやな気持ちになったときに、それに頼ることでしか不快感情を処理できない状態に陥っていることを指している。

　アルコール依存は、不快感情処理のためにアルコールを飲み、気分を上げるということが日常化する中で、体質×飲酒量×飲酒期間に応じて身体依存が生じて、アルコールなしではいられない状態になっていることを指す。「（物質）依存」の背景にあるのは、不安などの（不安を抱えていること自体を認識できない場合も多い）感情の処理の問題である。薬物依存、パチンコ依存、ショッピング依存なども同様である。大人の場合、ストレスを解消するために合法な物質を使用することは、適度であれば問題のないことだが、違法なもの、度を超えた乱用になると依存の病理とみなされる。

本書では、子どもの感情制御の力が親に不快を承認されることを通して育つということを説明してきているが、それはそのまま、将来の依存を防止する方法でもある。大人になったときに、自分の身体の中に生じる不快を、人との関わりの中で安心することを通して処理できる力を身につけている人は、「（物質）依存」には陥らないのである。

　夜9時まで塾に行って帰ってきた小学生が、疲れているにもかかわらず、深夜1時、2時まで「ゲームをしないと眠れない」と言う。「ゲームをしてストレス解消してからじゃないと眠れない」からゲームをする。本来なら、「あのね、今日ね、こんなことがあっていやだったの」と親に話して安心すれば、それで子どものストレスは解消するものであり、安心して眠れるのである。

　そんなふうにして幼いころからストレス解消にゲームを使っていると、思春期になって、さらに不快感情が複雑で高度なものになってきたときには、毎日ゲームから離れられなくなってしまう。学校で不安を抱えれば、それだけゲームの時間は長くなる。親とけんかすれば、さらに離れられなくなる。なぜなら、不快になればなるほど、依存が強まるからである。高校生がトイレや風呂にまでスマホを持ち歩き、瞬時に友達に返事をしなければならない依存状態に陥っているとき、仲間からはずれることの不安が不安を呼び、スマホに生活がふりまわされる状況になってしまうのである。

　リストカットなどの自傷行為の問題も、依存の一種と考えることができる。自傷行為も不快感情を処理するための方略であり、不快を処理するためには自傷に依存するしかない状況に陥っている。

　このような思春期の問題を予防するためにも、幼少期・児童期において、「子どもが親の顔を見れば安心する」という関係性を構築しておくことが重要なのである。すでに思春期になって問題が生じている場合にも、子どもが自分自身の不快感情を認識し、その不快があって当然のものであると受け入れることができるようになることを通して、そして、子どもが親の顔を見れば安心するという関係性を回復することを通して、不快感情は制御可能なも

のになる。それが依存を治すことにもつながっていく。

　子どもが不快になったとき、困ったときに、「親に言おう」と思い、親子の関係の中で安心が手に入れば、ゲームは単なるおもちゃであり、ゲームに生活が支配されることにはならない。しかし、親の前では不快感情を表出してはいけない関係性にあれば、不快はゲーム等を通して処理するしかなくなり、IT化社会のさまざまなツールも手伝って、容易に依存が形成されていくのである。

10．恋愛とその逸脱をめぐる問題

　思春期に入ると、大きな不快感情の源になるのが恋愛感情である。恋愛感情はこのうえもない幸福感をもたらしてくれるものである反面、それを失うときには強い怒りや憎しみを体験させる。恋愛感情を体験すること自体が、年齢相応に発達してきていることの証であり、人間が生殖可能な年齢になったときに、種の保存のために性衝動が生じることもまた、脳の重要な機能の1つである。

　思春期になったときに、自分の性の発達をどのように受け入れていくかは、それまでの自分の身体との付き合い方による。第1章で述べてきたように、命を守るための身体の感覚を一次解離させて、痛いのに痛くないという現実を作って適応するような身体との関わり方をしてくると、思春期になって性発達が起こってきたときに、その変化を適切に受け入れられないということが起こる。いのちの電話や虐待・いじめのSOS電話などの匿名相談の中に、子どもたちからの性の悩みがとても多いと聞く。不快感情（身体性）を自己に統合できている子どもの場合は、誰に教えられるというわけでもなく、おのずと自己の性を受け入れ、社会的に適切な方法で、性（身体）と幸せ（感情）がつながる方向性の中で性を扱うことを学んでいくことができる。しかし、不快感情（身体性）を自己に統合できていない子どもたちは、さまざまな不適切な雑誌やネットの情報に翻弄されて、性的な逸脱を起こし

やすい。早すぎる性への関心や、自分の性を道具や商品として使うことへの抵抗の欠如なども、身体と感情が解離しているからこそ生じることである。

　中学生・高校生の性的逸脱の背景には、すでにそれ以前に性被害を受けている可能性にも目を向ける必要がある。多くの子どもたちが解離様式で適応して自分のつらさ・苦しみをないことにしている現状の中で、さらに性被害は、大人の目にふれることなく、子どもたちの記憶の底に封印されてしまう。私は、さまざまな事例を通して、思いもよらない性被害（幼少期に公園で被害にあうことなども含めて）が想像以上に多いということを実感している。また、早すぎる性への関心から、不本意な初体験（恐怖を感じたのに押し切られた、好きでもない人と関係をもってしまった、実は二股だったなど）をしてしまったということがトラウマになり、その後の逸脱した性行動へ発展してしまうということも、典型的なパターンであるように思う。

　恋愛において性的な関係をもつということは、親密な関係に入ることを意味している。ここでいう親密な関係とは、互いの自我境界の中に入りこむ関係性である。だから、幸せな性的関係を構築するためには、自我が安定的に確立した成人である必要がある。自我が未熟なうちに性的関係をもつと、その関係が破綻したときに、そこで生じる怒りや悲しみ・憎しみなどの不快感情によって自我の安定が失われてしまう。だから私は「高校生の性行為は早すぎる」と、大人は自信をもって言うべきであると思う。プラトニックな恋愛と失恋は発達課題の中の出来事だが、高校生における性的関係の破綻はトラウマになりうる出来事である。

　幼いころから解離様式で適応してくることは不快耐性が弱いということであるとこれまで説明してきたが、そのような状況で性的関係をともなう恋愛を経験すると、親密な相手だからこそ、その関係性の中で不快感情が制御できないという問題が生じる。それが「デートDV」といわれるような状況であり、恋愛関係の中での暴力の発生につながっていく。これは大学生においても深刻な問題である。怒りを向けられて別れることも困難な状況になり、ストーカー問題に発展していくこともあるだろう。そして、それはまた、そ

のまま大人の問題へとつながっていくのである。

　思春期・青年期に生じる問題は、さまざまな要因が複雑にからみあっている。第6章において、思春期・青年期の2事例の治療援助過程を示した。

　本書は、思春期・青年期の複雑な問題を予防する視点から、感情制御の発達不全モデルを示し、幼児期・児童期における親子関係の再構築への支援の重要性を伝えるものである。

児童精神科医からの一言⑤
精神科医療における基本的な薬の知識

　精神科領域で使用される薬には、大きく分けて6つの分類がある。抗精神病薬（商品名：ジプレキサ、エビリファイ、リスパダールなど）は、主に精神症状（幻覚や妄想）から生じる興奮や衝動的な行動を鎮静化する薬である。抗うつ薬（商品名：パキシル、ジェイゾロフト、デプロメールなど）は気分をもちあげる。抗躁薬（商品名：リーマス、デパケン、ラミクタールなど）は感情を調整する薬である。抗不安薬（＝精神安定剤）（商品名：ソラナックス、デパス、ワイパックスなど）は不安を軽減する薬である。睡眠導入剤（商品名：ドラール、ハルシオン、レンドルミンなど）は睡眠障害を改善する。AD/HDに処方される薬（商品名：コンサータなど）は中枢神経興奮剤に分類される。

　精神科で使用されている薬は、そもそも基本的に、子どもに投与することを前提に開発されていないため、薬物療法の本にも、子どもへの安全な使用量は明記されていない。たとえば、街の薬局で購入できる一般の風邪薬などを見てほしい。そこには、年齢による一日の投与量が必ず明記されている。

しかし、それとは対照的に、精神科の薬には、子どもに薬物を処方する場合の明確な基準や指針がないのである。「子ども」と一口に言っても、その対象は幼児から中学生までと幅広く、年齢や体重、体質により薬物の許容量は異なる。現状では、処方しているその精神科医（または小児科医）の診断に基づく個人的な考え（経験）により投薬されている。

　成長期にある子どもに投薬する場合には、大人よりも特別な配慮が必要である。服薬している子ども自身の身体機能や注意力や認知機能が保たれているかどうか、薬物による変化が生じていないかを注意深く観察しなければならない。薬物の副作用で、平衡感覚が損なわれ転倒しやすい、動作が緩慢、表情がなくなる、忘れっぽくなる、記憶が飛ぶ、成績低下などが生じる場合には、薬物は有害である。まして、薬物投与により、易刺激性が生じてさらに興奮しやすくなり、暴言、暴力、問題行動が誘発されるようなことは決してあってはならない。

（鈴木廣子）

児童精神科医からの一言⑥
「おちつきのない子」とAD/HDの治療薬

　学校などの集団の中で、いわゆる「おちつきのない子」の問題は深刻である。だからといって、「おちつきのない子」を即、AD/HDと診断してよいものだろうか？　現在、AD/HDの診断は、きわめてずさんに行われているという現状がある。ひとりの子どもを診察し診断するには、十分な観察と成育歴・家庭環境・学校（集団）環境の検討が不可欠で、その期間として最低3～6ヵ月は必要である。AD/HDの診断が確定していない段階で投薬するということは、良心的な児童精神科医や小児科医であればできないはずである。

　「おちつきのない子」に対しては、服薬前に、学校や家庭で、その子に適した環境調整を実践してみることが重要である。そして、その実践により「おちつきのなさ」に効果があれば、AD/HDであっても、投薬は必要ない。

　AD/HDの薬物療法として現在使用されている「コンサータ（商品名）*」は、あくまで注意集中力の改善、多動性・衝動性のコントロールを目的とした対症療法である。コンサータの服薬でおちついた日常生活が送れるようになったら、まさにそのときから、その子どもの環境の調整が重要になる。コンサータは長期間投薬する薬物ではないので、早期に減量、そして投薬終了を目指す必要があるからである。コンサータは「リタリン（商品名）」の徐放錠（一定時間持続的に有効成分が放出されるよう調整した錠剤）として開発されたものである。リタリンは、覚せい剤として知られるメトアンフェタミンと働きが類似しているため、依存性や興奮を高める可能性があったので規制が強化された。コンサータもまた、長期投与は子どもにとって有害となるのである。またコンサータの、6歳未満の幼児・13歳以上の小児および成人における有効性と安全性は確立されていない*。

　「ストラテラ（商品名）*」は、コンサータに比べ、薬物依存リスクが低いと言われている。AD/HD小児患者の併存障害（反抗挑戦性障害、不安性障害、大うつ病、チック障害など）を悪化させることがなく、AD/HD症状を改善できるという利点があるが、服用してから最大効果が得られるまで4週

105

間前後を要するという特徴がある＊。しかし、投薬にあたっては、子どもの脳が発達途上であるということを考慮することが何より重要であり、長期服用に関する安全性については、今後の臨床的エビデンスを待つべき薬物であるという認識が必要であろう。

　周囲にいる大人たちが、「おちつきのない子どもに服薬させること」で自らが安心する（一種のプラセボ効果）ために、投薬を希望する傾向も見られる。投薬はあくまで治療の一部である。大切なことは、子どもがおちついて生活でき、社会適応が可能になるように、きちんと大人が安心を与える支援をすることである。

　　　　　　　　　　　（鈴木廣子）

＊山口登・酒井隆・宮本聖也・吉尾隆・諸川由実代編（2014）『こころの治療薬ハンドブック　第9版』星和書店

第**4**章
児童期以降の親子関係における困難

1．母子関係の発達と家族関係

　図16は、生まれてから子が自立するまでの母子の関係性の変化を示したものである。円は自己と他者との心理的な境界（自我境界）を表現している。妊娠中、子は母の胎内におり、母の一部である。産後、身体は2つに分離するが、心理的にはボンド（生物としての絆）によって結ばれており、母の自我境界の中に子は存在している。第2章で乳幼児期の親子関係について述べてきたように、母は子の目で見、子の耳で聞き、子の皮膚で感じる感覚になることによって、子の命を守ることができるのである。乳幼児期のこのような関係性を共生関係という。2歳くらいから子の自我が芽生えはじめると、いやいや期と言われる自己主張の時代がやってくるが、図16では、母の自我境界の中に子の自我が生まれるという意味で、点線で表現した。

　児童期になると、母にも子にも独立した自我が育ってくるが、小学生のうちはまだ、母の大きな枠（自我）の中に守られている。小学1年生の子どもが、友達に「今日遊べる？」と聞かれて、「ママに聞いてみる」と答える関

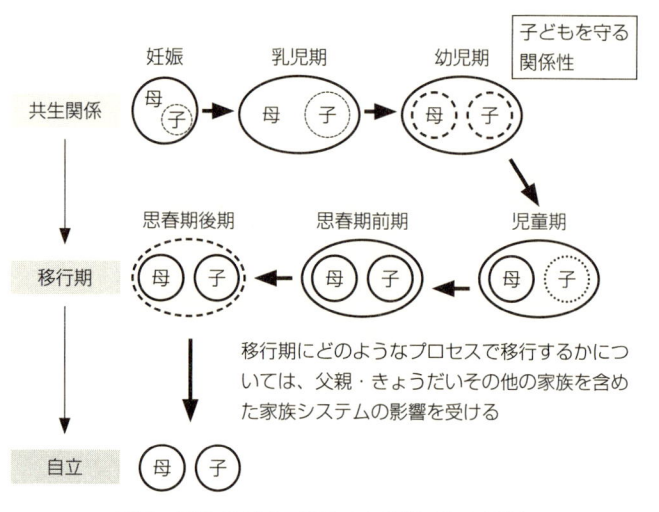

図16 母子の関係の発達（自我境界と関係性）

係性である。自分が「遊びたいか」「遊べるか」の前に、「ママが遊んでいいと言うかどうか」が優先される時期である。自分の判断で自分の命を守ることができない時代には、子は親の判断を優先するのである。そのような児童期を経て思春期に入るということは、図16に示したように、保護枠でもある母の自我境界の外に子どもが出ることを意味している。中学生になると、自分が遊びたければ親が反対しても遊びに行く、という関係性へと変化する。そして、青年期を経て自立するときには、親と子がそれぞれ別個の人間として対等に存在するようになるのである。

　この図16は、母子の二者関係の発達過程を図式化したものだが、ここで示した児童期から青年期、そして自立に向かうプロセスには父（夫）とその他のきょうだい、家族との関係性（家族システム）の影響が加わって、その変化は単純ではない。実際には、大学生になっても図16の思春期前期の段階でとどまっている場合も多く、あるいは結婚して子どもを産んでも、母となった娘と祖母との関係が、思春期前期の段階のままにある場合も少なくない。

　健康な家族システムが維持されるためには、世代間境界が明確であること

が必要である。世代間境界とは、関係性のあり方における目には見えない明確な境界のことを意味している。世代間境界が崩れている状態とは、家族の中の役割アイデンティティ（父・母や夫・妻、あるいは祖母・祖父であるという自覚など）があいまいになっている状態とも言える。二者間にストレスや危機が生じたときに、一方が第三者を味方にしたり依存対象としたりすることによって作られる2対1の関係をトライアングル（三角関係化）という。たとえば、夫婦間に葛藤があり、母が長男の教育に夢中になることによって、父の存在を排除するようなトライアングルが構成されているとき、世代間境界が崩れているという。親が精神的な問題を抱えていて親役割を果たせないために、長女が子どものころから家族の中での親役割をしてきた場合、その人が大人になってから生きづらさを感じるのは当然なのだということを説明する「アダルトチルドレン」という言葉がある（Kritsberg, W., 1988）。この場合も、原家族において世代間境界が混乱していたことが問題だということができる。

　援助においては、複雑な家族システムの中で親子の関係性がどのような構造を構成しているのかを見立て、家族全体の布置の中で親子の関係性を把握する必要がある（家族システム論を学ぶための参考文献を巻末に示した）。

2．親としてのアイデンティティ

　家族の中での健全な世代間境界が維持されるためには、親が親としてのアイデンティティを維持できるということが最も重要な要素になる。親としてのアイデンティティを維持できるということは、簡単なようで、実はそれほど簡単なことではない。子を産んだ母が動物的なつながりとしてのボンディングに成功し、自然な形で母性がはぐくまれ、親として生きることに幸せがともなっている場合には、親としてのアンデンティティはゆるがない。

　しかし、子どもを育てることがなんらかの事情により幸せにつながらなくなった場合には、親としてのアイデンティティは努力して維持しなければな

らないものとなる。まして、出産をするわけではない父親は、子どもとの現実的な生活を通して時間をかけて父親アイデンティティを獲得していくのである。

　親が親アイデンティティを維持することが困難になる背景の1つとして、愛する子どもをもったことによって生ずる苦悩に注目する必要がある。わが子はかわいい。だからこそ、子どもに幸せに育ってもらいたいと親はみな願うが、子どもが育つプロセスにおいてはさまざまな苦悩にぶつかることになる。自分ひとりだったらこんな思いを感じることはないだろうというほどに、わが子に対する痛みというものは大きいのである。親が本当に親になれるかどうかは、かわいいわが子ゆえに生じる苦悩にぶつかったときに、その苦悩をちゃんと抱えることができるか否かにかかっているとも言えるだろう。子どもが病気になったとき、不安を訴えて学校に行きたくないと言うとき、いじめにあっているかもしれないと思うとき、勉強にまったくついていけていないと知ったとき、親の期待に応えてくれないとき、反抗されたとき、誰かに怪我をさせてしまったとき、事故にあったとき、家に帰ってくると泣いてばかりいるとき、外に出たがらないとき……要するに、子育てをしていれば、親はいつも不安にさらされている。その愛するがゆえに生じる不安をちゃんと大人として抱える力が育っていないと、子どもとの関係において、子どもが感じている不安や恐怖を否定し、自分の不安が喚起されないように対処してしまうということが生じる。子どもの状態を「痛くない」「恐くない」「不安じゃない」と否定することのメリットは、自分がそういう気持ちにならないでいられるという点なのである。本書で述べてきている感情制御の発達不全という育ちは、このようにして親子の間で循環し、世代間連鎖を生み出している。

　子どもが不登校になれば、親はその不安から混乱するのが当然である。しかし最近では、あたかも受容的な親のようでありながら、実は子どもの苦悩に向き合わない・向き合えないために、子どもが休んでいることに対する親としての葛藤を回避してしまっているケースもある。

幼少期から解離様式で適応してくることが夫婦間暴力（DV）や虐待につながることは、もちろん大きな問題である。親密な関係の中で、自分の傷つきにヒットするような刺激が引き金になり、不快感情制御が困難になり、ネガティヴモードが暴走すると、暴力や暴言で配偶者や子どもを傷つけてしまう。こういう問題はもちろん重大な問題であるが、もっと日常的なところで、子どもの日々の不安や恐怖の訴えに対して、親がそれと向き合うことを避けてしまうことによる子どもの育ちの弱さも、きわめて重大な問題なのである。

3．思春期のしつけ

　子どもの日々のネガティヴ感情と向き合う場面というのが、しつけの場面である。第2章で乳幼児のしつけのプロセスについて述べたが、ここでは思春期のしつけについて述べる。第2章で述べた枠組み（図14［57頁］）は児童期にも共通する。しかし、図16［108頁］で示したように、親の自我境界の枠を壊して外に出ていくことが必要な思春期（中学生後半〜高校生）におけるしつけのプロセスは、図17に示したように後半のプロセスが異なる。
　思春期の子どもが、大人が作った現実原則に不満を抱えて不快感情を表出したら、そこで親に求められていることは、単に図17-③「ダメなものはダメ」という枠組みを再提示することだけである。幼児期・児童期においては、そこで抱えている不快感情を承認することが重要だが、思春期においてはなまやさしい抵抗ではなくなってくるので、親がワンメッセージ「ダメ」を通すこと・通せることが親役割として求められるのである。要するに、向き合ってくれる大人を子どもは必要としている。このとき、思春期の子どもと向き合い、葛藤する（ある意味戦う）のはよいことだと親が認識していること、親自身が葛藤することを抱えられるということが重要な点だ。なぜなら、子どもとぶつかって葛藤しているからといって、親が子を愛していることは何も変わらないはずだからである。たとえ、そこで親が子に怒りを感じ

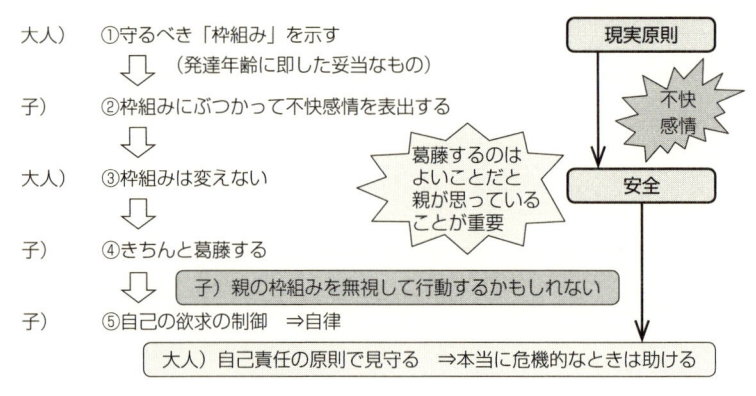

```
大人)  ①守るべき「枠組み」を示す                    現実原則
         ⬇ （発達年齢に即した妥当なもの）
子)    ②枠組みにぶつかって不快感情を表出する         不快
         ⬇                                          感情
大人)  ③枠組みは変えない          葛藤するのは
         ⬇                        よいことだと        安全
子)    ④きちんと葛藤する          親が思っている
         ⬇                        ことが重要
         子) 親の枠組みを無視して行動するかもしれない
子)    ⑤自己の欲求の制御 ⇒自律
         大人) 自己責任の原則で見守る ⇒本当に危機的なときは助ける
```

図17 思春期のしつけ

たとしても、許せないと思ったとしてもよいのである。「だからなんなの、子どもを愛していることには変わらない」という思いが一貫していれば、葛藤するのはよいことだと思えているということになる。それが、現実原則を内在化していくために必要とされる「安全」を提供する。思春期においては、親子がどんなにけんかをしようが、子が親に愛されていることにはなんの変わりもないという関係性が「安全」を提供するのである。しかし、思春期の場合には、その次の行動として、図17-④子どもは葛藤しながらも、親の枠組みを無視して行動してしまうかもしれない。それに対して、親は自己責任のスタンスで見守り、何か失敗や不都合が生じた場合の責任を自分でとるということを学習させることが求められる。

　遊びに行ってはいけないと親が言ったにもかかわらず、遊びに行って、その結果、宿題が提出できなかったとしたら、そのことで教師に叱られるのは子どもの責任である。子どもがそれを経験することに意味がある。ところが、親が子どもがつらい気持ちになることにもちこたえられなければ、図17に示したしつけのプロセスは、親にとってとても困難なものになる。子どもと葛藤すること、子どもとの間で不快になることに耐えられないと、そもそも子どもに迎合してしまって枠組みを示せなかったり、枠組みを途中で変え

たり、条件をつけて親の意のままに動かそうとしたりしてしまうだろう。

　具体例で説明してみよう。夜間に繁華街に行ってはいけないと言われていたにもかかわらず、中学生の女子3人が遊び歩いていて、事件にまきこまれそうになり、補導により保護された。3人ともショックでおちこんでいた。A子の親は、ダメと言っているのに約束を守らなかったわが子への怒りがおさまらず、帰ってきた娘に怒りをぶつけた。B子の親は、補導したことでわが子につらい思いをさせた「警察が悪い」と言い続けた。C子の親は、補導されたことでショックを受けているC子の気持ちが心配でいっぱいだった。C子は親の顔を見ると「ごめんなさい」と泣いて親の胸に飛びこんだ。C子の親は抱きしめながら、「だからダメって言ったんだよ」と一緒に泣いた。

　この3人の例では、C子だけが、失敗経験を通して何がよくて何がダメなのかという現実原則の学習をしたことになるだろう。C子の親子関係においては「困ったときに親の顔を見ると安心する」関係性にすでにあったということが、こういう場面でわかる。親としてのアイデンティティが安定しているのはC子の親のみである。

　A子の親は、この事態によって生じる親自身の不快にもちこたえられないので、その不快を子どもに直接ぶつけてしまうタイプである。B子の親も、親自身に生じる不快にもちこたえられないがゆえに、そもそも「わが子は悪くない」「相手が悪い」ことにして、不快をないことにしようとするタイプである。このような親の関わりは、子どもが不快感情と向き合うことを妨害してしまうので、結果として、子どもは現実原則を内在化することができず、自律できないことになるのである。A子の親の姿は、親の愛するがゆえの混乱として理解しやすい面もあるので、学校で問題が起こった際には教師のサポートを得ることができるが、B子の親の姿は、時として学校とのトラブルを引き起こしやすい。B子の親のようなふるまいは、わが子が失敗をしたということ、それにともなう困難を引き受けなければならないことに向き合うことができないほどに、親自身が不快感情をないことにしてこれまで生きてきたということを意味している。

しつけが成立するためには、最初の「枠組み」が子どもの発達にとって妥当なものである必要がある。「妥当」とは何を意味しているのか？　子どもの命と健康を守る枠組み、これが「妥当」の基準である。親の仕事は、子どもの命と健康を守ることである。だから、寝る時間や健康に必要な食事、基本的な家庭生活に関わること、家庭の経済に関することなどは、親の権限で枠を設定してかまわない。いちいち子どもに媚びる必要はない。

　しかしながら、時として子どもに守らせたい枠組みが、親の価値観とそれに基づく親の自尊心維持のための要求になってしまっていることがある。親の願いや希望はあって当たり前である。しかしながら、その親の願いが子どもの能力や性格、子どもの希望と合わないものであった場合、子どもは心理的問題を示すことでSOSを出さざるをえないことになってしまう。「エリート意識」や「お受験志向」、あるいは過剰な一流スポーツ志向などの価値観に基づく教育は、誰のためのものなのか。幼いうちは、子どもは親が喜ぶことを好むものである。だから、自我が芽生えたときに、子どもが「いやだ」と思う自由は尊重される必要がある。親の願いが挫折したときに、それをちゃんと諦めていくことができるかどうかということも、親アイデンティティに関わっている。親であるという立場で子どもと接していれば、子どもの心情を第一に判断することが可能になる。子どものパフォーマンスが親の自尊心を満たすための道具になっているとき、親の願いはエゴとなってしまう。そのエゴは、子どもの心理的問題の源になる。親が子どもを通して自分の自尊心を満たさずにはいられない背景には、親自身が自分の自尊心を維持できなかった原家族での思いや、現在の関係性が隠れている。人は自分のネガティヴ感情を受け入れることができないと、自分の過去の人生を肯定的にとらえることができないのである。

4．高校生の恋愛と親子関係

　高校生と性の問題について、親子関係の点からふれておきたい。高校生の

性交渉をともなう交際については、自我の発達段階から見て早すぎるということを第3章［102頁参照］で述べた。したがって、高校生の性交渉をともなう交際は、子どもの命と健康を守るという意味で、親の枠組みとしては「ダメ」と言うべきことになる。たとえ、娘は「女子だけで泊まりにいく」と言っていても、そうではないことが暗黙裡にわかっている場合も同様である。高校生の場合、親が「ダメ」と言っても行ってしまうし、親にうそをつこうと思えばいくらでもつけることになる。それでも「ダメ」という筋を通すことに、発達上重要な意味がある。最近は親世代においても、自分が高校生のときに初体験をしたという思い出をもっていることも多いので、ダメと言って親子間に葛藤が生じるよりも、円満に彼氏の話をしてもらったほうがよいと考えている親もいる。そもそも、娘と葛藤したくないと思っている父親たちも多い。だから、ふれたくないという反応になる。しかし、向き合わなければならない。

　図16［108頁］に示したように、高校生の親子関係の発達段階（思春期後期）は、親の自我境界から外に出て自立していく途上にある。女子高生が彼氏と性交渉するという話を親としているような関係性は、図16における思春期前期（小学校高学年）の親子関係である。親の保護下で子どもが好きなことをして、それを親にも受け入れてもらえているという関係性である。親自身が子どもとの間の苦悩をもちこたえられず、できるだけ葛藤を回避したいという傾向が強まる中でこのような親子関係が増えているが、それは親子関係を幼いままの段階にとどまらせてしまうことになる。つまり、自立の方向に向かわなくなるということである。

　親が「ダメ」と思うことをきちんと「ダメ」と伝えて、子どもの安全のための大きな壁になる親役割は、子どもに無意識のレベルで「愛されている」という実感と安定を与えるのである。高校生が性交渉をもつことを、親としては心配で許せないと思っているのに、子どもとの葛藤を避けるために認めてしまうとしたら、それは子どもを保護していない行為になる。だから、ものわかりのよい親のもとで、子どもたちは心に大きな空洞を抱えることにな

る。そして、さまざまな早すぎる性の刺激に足を踏み入れてしまうのである。親の「ダメ」があれば、興味本位で踏み出したとしても、本当に危険だと思うところで逃げる判断ができるということにもつながる。それでも、子どもは傷ついて帰ってくるかもしれない。そのときには助けてやる。それにより、子どもは親の「ダメ」の意味を理解し、親を尊敬するのである。失敗してもより大きな愛情で守られていると知ることで、子どもが親になったときに、親アイデンティティをもてる親になるのである。

　この「ダメ」を伝える役割として、父親が重要な役割を果たすことは言うまでもない。思春期のしつけにおいて、ゆるがない枠組みを示すという意味での父性は大変重要である。父親がいない場合には、母親がその役割を果たすことでカバーされるが、父親がいるのに登場しないと、子どもは親に愛されていない、自分は大事にされていないと思うものである。思春期の子どもは、親を「ウザイ」と言いながら、実は無意識には関わりを求めているという矛盾した存在だからである。思春期に父親が子どもと関わることができるためには、幼少期から子育てに参加していることが意味をなすわけだが、重要なのは、子どもが泣いたり怒ったり不快感情を表出している場面で、父親が子どもに安心を与えられる存在として機能しているという意味での関わりである。父親のエゴを満たし、子どもの笑顔が父親のストレスを癒してくれるという関係性での関わりであったならば、思春期になった子どもからは拒絶されることになるのみである。

　子どもが成長したときに、親が「ダメ」と制限をかけて、子どもがそれを受け入れるかどうかは、子が親を信頼しているかどうかによる。親子の関係性とは、叱られた人の腕に抱かれて安心するという関係性である。これは他人であれば成立しない関係性なのである。叱られた人の腕に抱かれて安心することを通して、親の顔を見れば安心するという関係性を実現し、子は親を信頼するのである。叱るということと受け入れるということを同時に矛盾なく行うことができる特殊な関係が、親子という関係なのである。

　しつけは、不快感情を安定して受け入れる姿勢（母性）と、ダメなものを

ダメと伝えてゆるがずにいられるやさしい強さ（父性）の両方によって成立する。ここでいう母性と父性は、母と父の役割が逆でもよいし（父が母性で、母が父性）、一人親家庭においては一人が両者の役割をすることも可能であるし、親戚や教師に父性もしくは母性の役割を支援してもらうことも可能だろう。大事なのは、葛藤を恐れずに、親が子どもときちんと向き合うことだけなのである。

5．夫婦の関係性と子の感情制御の育ち

　思春期の子どもとの関係において、きちんと葛藤を恐れずに向き合うことが重要だと述べてきたが、実はそれは夫婦の関係においても同様である。

　図18は、大河原（2014b）において、感情制御困難を主訴として来談した子どもの事例3ケースの夫婦関係における共通点を図式化したものである。この3ケースはいずれも、親の前では「よい子」であるにもかかわらず、学校では感情制御できず、発達障害の疑いと認識されていたが、両親の夫婦関係が改善されることによって、子どもの行動も改善され、発達障害とみなされることはなくなったケースである。相談者である母を中心に記載しているものだが、おおむねこの図はさまざまなケースに共通していると思われる。以下に解説する。

　子どもは解離様式による適応が定着している状態で、学校や保育園などでの日常的なストレスに際して、怒りや悲しみの感情が生じるときれて暴れるが、家では親に適応するモードでいるため、問題が一切表出していない。夫は職場で大きなストレスを抱えているが、それらの感情は否認や解離によって防衛され、負情動制御の方略は浮気やギャンブルやネット依存などの夫婦関係に困難をもたらすものとなっていた。妻は、関係を継続するためには夫の行動に理解を示す必要があると考え、自分の不快感情を否認・解離して夫に適応するが、たまっている負情動があふれ出ると、夫婦のコミュニケーションがうまくいかず、夫婦関係が悪化し、ますます夫は負情動制御方略であ

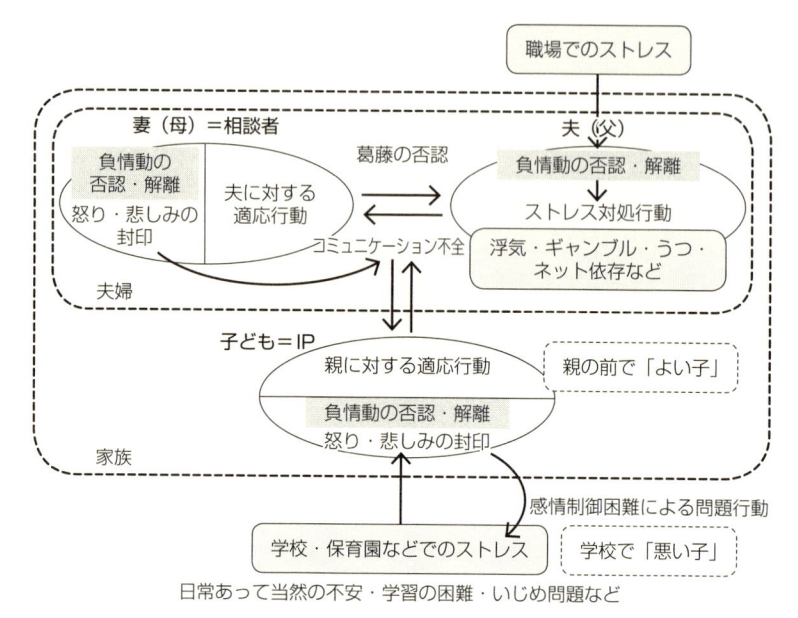

図18 夫婦の問題が子どもの感情制御困難をもたらすプロセス（大河原、2014b）

る浮気やギャンブルやネット依存へと走る、という悪循環である。夫婦のコミュニケーション不全は、セックスレスあるいはセックス拒否という形で現れることも多い。意識のレベルでは夫の行動を受容していても、無意識（身体）のレベルでは受け入れられないということが生じるからである。夫婦の間に生じる葛藤・負情動をどう扱うのかという態度は、子ども自身が自分の負情動をどう扱うのかということの手本になる。大河原（2014b）に記載した３ケースにおいては、相談にきた母（妻）が夫に対する自身の感情に向き合い、その感情の解決のために動くことができるようになると、家族は変化し、夫婦の関係の変化と並行して、親が子どもの負情動と向き合うことができるようになり、子どもが変化していった。

　つまり、夫婦間においても葛藤を回避して向き合わないという関係性は、親子関係における葛藤回避をもたらし、その結果、親に承認されない負情動を抱える子どもは、感情制御できない状態へと陥る。援助のプロセスにおい

ては、親自身がAffect Phobia状態（Leeds, A., 2013）を克服することが、重要な展開を導くのである。

6．親の愛情と「学校への苦情」の問題

　子どもの学校に対する親からの苦情は、親の愛情ゆえに生じることである。「モンスターペアレンツ」と言われる現象は、図19に示したような、親と学校との間の「苦情システム」の問題としてとらえるべきである（大河原・平井・久冨・金田、2013）。
　親は子どもを愛するがゆえに学校にその思いを訴えるのだが、それは学校にとっては過大な要求や学校批判であり、さまざまな学校システムにおける問題も反映される中で、大きな悪循環が構成されてしまう。
　そもそも家庭では、子どもが学校で感じたなんらかの不快感情を親に訴えるということが起こっている。ところが、その子どもの不快感情の訴えが家族システムの悪循環を生んでしまうと、その結果、そこで処理しきれない親の思いが怒りとして学校に向けられることになる。このような状態に陥っているときには、親が親アイデンティティを維持できずに、子どもが苦しんでいることによって生じる親自身の不快感情の嵐に翻弄されている状態と言える。
　子どもが親に学校で生じた不快感情を訴えることによって、それまで封印されてきた親自身が抱える不快感情のふたが開き、混乱状態に陥っていることもある。たとえば、親自身がいじめ被害の記憶をもっている場合、子どものいじめられの訴えによって、親自身の封印されてきた不快感情のふたが開き、怒りがこみあげてきてしまい、当時の自分の担任に対する怒りなのか、今の子どもの担任に対する怒りなのかがわからなくなり、その状態で学校に苦情を訴えるので、親の気持ちが伝わらないということが生じることもある。あるいは、その思いを夫に訴えてもわかってもらえないという怒りが、教師に向かうこともある。

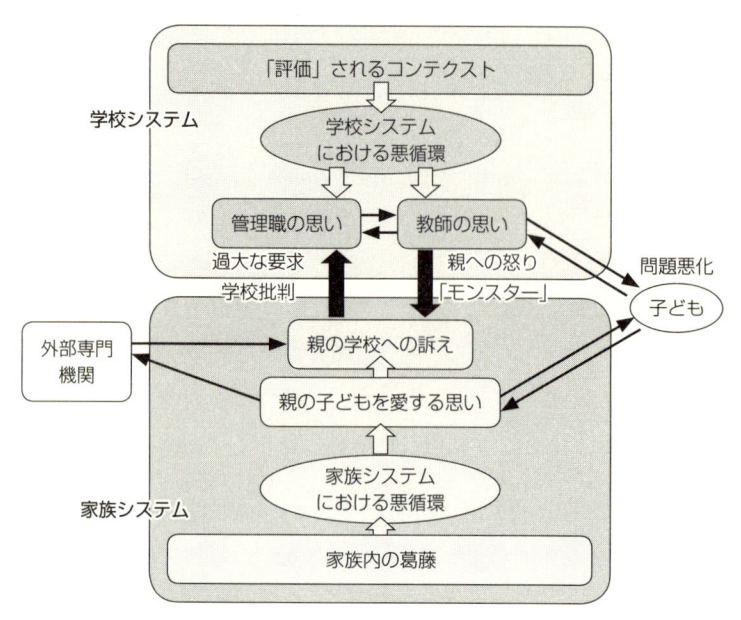

図19 親と学校との間の「苦情システム」の構造（大河原・平井・久冨・金田、2013）

　いずれにしても、「モンスターペアレンツ」という名のもとに、親の思いを一方的に否定するのではなく、混乱の背景にある親の子どもを愛する思いを感じ、かやの外におかれた子どもを中心に据えて支援することを通して、問題を整理することが求められる。
　このように、親子はさまざまな困難を抱えながら子どもを育てている。愛するがゆえに抱えざるをえない苦悩を抱えきれずに、親たちは苦悩している。学校の対応に問題があれば、親の怒りは当然の怒りである。しかし、親も学校も子どもを大事に思っているという点においては理解し合えるはずである。そのためにも、問題をシステミックにとらえる視点が役立つだろう。

7．解離を促進するダブルバインドのコミュニケーション

　「ダブルバインド（二重拘束）」とは、ベイトソン（Bateson, G., 1972）のコ

ミュニケーションについての思索から生まれた概念であり、家族療法の領域において「治療的ダブルバインド」という形で、システムを変容させるための技法としても応用されてきた（村上、2013）。ダブルバインド理論の本質は、コンテント（メッセージの内容）とその意味を決定するコンテクスト（文脈）との不一致により織りなされていくコミュニケーションにある（Bateson, G., 1972）。ダブルバインドは、物事の抽象度の階層性に関する論理階型という概念をベースにコミュニケーションが構成するシステムを考えるときに大変有用な概念であり、私は子どもの解離を促進するコミュニケーションシステムとして注目してきた（大河原、2012）。

　ダブルバインドとは、一言で言うと「逃れようのない人間関係において、コンテントレベルのメッセージとコンテクストレベルのメッセージが矛盾する形で同時に示されるコミュニケーション」である。子どもは常に「逃れようのない人間関係＝親子関係、教師との関係、クラス内の人間関係など」におかれている。第1章で述べたように、子どもが「痛い」「恐い」と感じているときに、親が「痛くない」「恐くない」と身体感覚を否定する形で子どもの感情を制御しようとするコミュニケーションは、子どもの脳内の感情制御の情報処理過程において、コンテントレベル（身体感覚）とコンテクストレベル（認知情報）の不一致を生み出すので、矛盾する情報を処理するために感情を解離させること（一次解離）が必然的に生じるのである（図10［28頁］）。

　ここでは、日常的な会話の中のダブルバインド特性について解説を試みる。特にこの問題は、子どもの主体性を重んじるのか、大人が命じるのかという場面において顕在化する。

　たとえば、掃除をさせたいが子どもがいやがっているときに、「モップがいい？　それとも雑巾がいい？」と二者択一の質問をする。子どもは「モップ」と自分で選んで、結局掃除をした。

　この例は、家族療法の技法として発展した「治療的ダブルバインド」の最もシンプルな例である。「モップで掃除をしなさい」「いやだ」というコミュ

ニケーションが展開される場合には、この会話のコンテクスト（文脈）は「大人が命じるコンテクスト」である。二者択一の質問は、掃除をしないという選択肢が存在しえない構造をもちながらも「子どもの主体性を重んじるコンテクスト」にある。つまり、コンテクストでは「子どもの主体性を重んじる」ことを示しながら、コンテントレベルでは大人の命じるとおりになる（掃除をする）ように構造化されている会話なのである。これが「コンテントレベルのメッセージとコンテクストレベルのメッセージが矛盾する形で同時に示されるコミュニケーション」である。しかし、コンテクストに言及することができると、ダブルバインドから逃れることができるとされる。「コンテクストに言及する」というのは、この例では、子どもが「どっちを選んだって、結局掃除させられることになるからいやだ」と言えるということを意味している。

「治療的ダブルバインド」とは、このような構造の対話を意図的に構成することによって、動かないシステムを動かす高度な技法である。こういう技法を使う場合には、常に倫理が求められるとも言える。「洗脳」が起こるときや、セールストークに乗せられて買いたくないものを買ってしまうときなどの会話にも、こういう構造が潜んでいる。

親子の場合、子どもは常に親に愛されたいと思っている。親の愛がゆるがないものであれば、子どもはそんなことを意識化しないが、自分の行いによって愛されていないのかもしれないという不安を抱えている子どもは、無意識に親の顔を見て、親に愛されるように適応しようとすることになる。その結果、解離様式で適応している子どもが多いということを本書では述べてきているのだが、このような現状の中で、あらためて日常生活におけるダブルバインド特性について注意を喚起したい。

勉強したくない子に勉強をさせる場面を例にあげる。「5問解きなさい」「いやだ。2問しかやらないもん」という会話は、「大人が命じるコンテクスト」にある。一方、「何問解ける？」「2問」「あれ？　2問でいいのぉ？」「じゃあ、5問」という会話は「子どもの主体性を重んじるコンテクスト」

にある。ここでの後半の「あれ？ 2問でいいのぉ？」は、「子どもの主体性を重んじるコンテクスト」を示しながらも、暗に大人の意図する方向にもっていこうとするダブルバインド特性をもつ会話であり、コンテクストとコンテントの不一致が生じている。ここで、子どもが「何問解ける？ って、ぼくの意見を先に聞いたじゃないか」とそのコンテクストに言及して自己主張できる子であれば、なんら問題ない。しかし、自分の選択した「2問」という答えでは「大人は喜んでいないんだな」と子どもがキャッチして、大人に愛されるために自分の意見を変える、変えさせられる、変えざるをえないという関係性の中で大人が子どもをコントロールしていくならば、解離様式で適応している子どもの解離反応は促進されることになる。つまり、治療援助とは反対の方向に向かうことを助長するのである。

　したがって、感情制御の困難を抱える子どもの場合には（きれやすいタイプの場合も、不安が強すぎるタイプの場合も）、あたかも子どもの主体性を重んじるかのようなコンテクストを示しながら大人の意向に従わせるという方法は慎むべきである。支援者は、シンプルにストレートに「5問解こうね」「モップで掃除するんだよ」と「大人が命じるコンテクスト」での裏表のない会話を行うことが重要である。そして、そこで子どもが自分の感情を優先して「いやだ」と言うことが重要なのであり、その「いやだ」という気持ちを表出しても、大人との関係が何も変わらないという体験することこそが、感情制御の力を育てる（安定する、またはタフになる）ために重要なことなのである。支援者にも、葛藤を抱える覚悟と、子どもの不快を抱える安定が求められるとも言える。安定したアイデンティティの獲得のためには、自分が「いやだ」と感じたことをそれでよいと思えることが必要であり、アイデンティティの安定があってはじめて、意欲が生まれ、自分の個性を活かせるのである。

児童精神科医からの一言⑦
子どもの「睡眠障害」と薬物療法

　子どもが「睡眠障害」に陥っているときに、大人のように「眠れない」と訴えることができるのは、かなり大きくなってからである。子どもは、眠れないとさまざまな行動で表現する。具体的には、夜になると「泣く」「ぐずる」「不機嫌になる」などである。その他に「恐い」と訴える、暗闇を恐がる場合などもある。子どもが眠れない状況においては、「不安」や「緊張」「過覚醒」がその原因として存在していることが多い。

　子どもの睡眠障害においては、まず、子どもが「安心して眠る」ことができるように工夫することからはじめる。子どもの睡眠障害の治療においては、睡眠導入剤投与は第一選択ではない。睡眠導入剤は、アルコールと分子構造式が類似している。子どもの飲酒が法律で禁止されていることを考慮すれば、投薬以外のさまざまな対処方法を試みることである。

　睡眠はもともと、リズムが基盤になって機能するので、子どもが現在どのような生活をしているか、どのような環境で寝ているか（一人で寝ているのかどうか）、その子どもの本来の睡眠の特徴、睡眠障害にいたった契機などを詳しく聴取する。睡眠リズムの立てなおしは、大人同様、「眠くなったら寝る」「早起き、早寝」が原則である。

　就寝直前までゲームや携帯などの電子機器の使用をしている場合は、それを控えることも大切である。また、身体の調子が悪くて眠れない場合もある。特に身体の冷えからくる睡眠障害では、「湯たんぽ」や「ホットミルクを飲ませる」などの工夫が効果的である。また、悪夢を見て眠れない子どもには、その話を聴いて、「それは恐かったね」と声かけをしながら、寝つくまでそばにいることも大切である。呼吸法（深呼吸）で眠る方法もある。深く呼吸することにより、交感神経がおさまり、副交感神経が優位になる。副交感神経が作用するとリラックスできるので、息を吐くときにやさしく声をかけることを続けていくと、自然な睡眠に移行できる。

（鈴木廣子）

児童精神科医からの一言⑧
症状安定期における薬の副作用の見分け方

　精神科領域で投薬される薬（抗精神病薬・抗うつ薬・抗躁薬・抗不安薬・睡眠導入剤・中枢神経興奮剤など）の副作用については、いわゆる「お薬手帳」や投薬時に渡される説明書などに記載されている。そこに記載されているのは、ほとんどが身体的副作用についてである。たとえば「嘔気、食欲不振、口渇、尿閉、頭痛」などである。

　しかし、子どもの場合には、症状安定期の副作用に注意する必要がある。環境調整や心理療法が進み、症状が安定してきた時期に出る副作用である。この時期の副作用は、現在投薬されている薬の量が適量を超えているということを意味しており、減量が必要な時期に入っていることを知らせるサインなのである。

　大人の場合は、過剰な投薬による副作用の症状を感じれば自ら主治医に訴えることができるが、子どもの場合には、自らその副作用の症状を訴えることは困難である。子どもは、過剰な量の薬の副作用を行動の問題として表現する。具体的には、「寝ていることが多い」「朝なかなか起きられない」「やる気がない」「すぐに飽きる」「面倒くさがる」「動作が緩慢」「いらいらする」などである。このような症状により今までできていたことができなくなると、親や教師など周囲の大人は「新たな症状が出現した」ととらえてしまう場合が多い。そして、そのままを主治医に報告し、主治医が丁寧に症状を聴取することもなく、さらに投薬量を増やしたり、他の薬を追加して投薬してしまったりすることが起こる。過剰な量の薬の副作用に対して、さらに投薬を増やせば、子どもはますます日常生活そのものが困難になってしまう。

　子どもが薬をきちんと服用している状態でおちついて生活ができていたのに、上記のような症状が出た場合には、現在の投薬量を減量する時期であるというサインと認識することが大切である。副作用は、薬の飲みはじめにだけ出るものではないのである。周囲の大人（主に親）が遠慮せずに主治医に相談することである。

　　　　　　　　　　　　（鈴木廣子）

第5章
見立てと援助の方法論

1. エコシステミックに問題を見立てる枠組み

(1) エコシステミックな見立てモデル

　援助について述べていくにあたって、はじめに、心理的問題を抱えた子どもの援助を考える際の見立ての枠組みについて解説する。
　さまざまな個性を持って生まれてくる子どもは、その後のさまざまな体験を通して育つ。これまで述べてきたように、その体験は、家族や学校（幼稚園・保育園等も含む）との関わりを通して、意味づけられ記憶され、個人の心の世界を生み出していく。子どもの心理的問題は、「親が原因」か「教師の関わりが原因」か「いじめが原因」か「子どもの発達障害が原因か」のどれか1つに収束されるものではない。心理的問題の援助に携わる人は、一般に人が抱きやすい「直線的な原因論」から自由でなければならない。子どもの心理的問題は、子どもがこのままでは健やかに育つことができない状況におかれているということに対するSOSのサインであり、常に複数の要因が複雑にからみあっているのである。

そのような複雑な状況を整理する枠組みが、ここで解説する「エコシステミックな見立ての枠組み」である（大河原・小林・海老名・松本・吉住・林、2000；大河原、2010a）。

　図20に示した枠組みは、子どもの問題行動や症状を出発点にして、過去の関わりおよび個の特性（成長発達システム）と、「問題が生じて以降の問題」すなわち問題に対する家族や学校の関わり（問題増幅システム）をシステミックに把握することを可能にする枠組みである。子どもの問題行動や症状を見立てるにあたっては、「最初に問題行動や症状が起こったとき」を起点とし、それよりも前の情報（過去）とあとの情報（現在）に分けて整理する。

　図20-①の問題行動や症状がなぜ生じるにいたったのかに関する過去の情報は、図20-②の円錐形の部分に整理される。その子どもの過去の体験とそれに対する家族や学校（保育園や幼稚園その他の社会資源も含まれる）の関わり・相互作用の中で子どもの心の世界は構成されてくる。それは一般的な

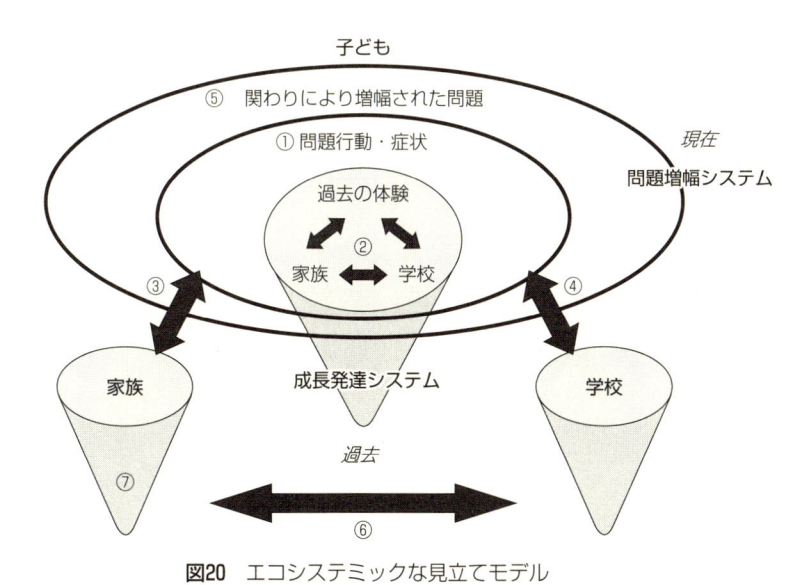

図20　エコシステミックな見立てモデル

第5章　見立てと援助の方法論　　127

言葉では「生い立ち」と表現されるものであり、過去の生い立ちの結果として現在の問題行動や症状が生じているという個人療法的な「ものの見方」でもある。私は生い立ちにおいても、周囲の環境とのシステミックな関わりの中で子どもの行動・感情・認知は影響され決定づけられてくると考えるので、それを循環的なプロセスとしてとらえ、「成長発達システム」と名づけた。

子どもが生来的に有している発達や能力・病気や障害などの特性は、図20-②の円錐形の中心部に位置するものと言える。最初の問題発症は、成長発達システムにおけるSOS信号の意味をもつものである。この成長発達システムにおける問題として、第1章で述べてきた「感情制御の発達不全」を抱えるケースが近年は増えている。

図20-①の問題行動・症状が生じたあと、子どもをとりまく家族や学校は、その問題行動や症状を解決しようとするなんらかの関わりを必ず行うことになる。しかしながら、その解決努力が功を奏していないから、問題を抱えた家族が相談にやってくるのである。図20-③④に示したように、問題を解決しようとする関わりが不本意にも問題を増幅してしまうという悪循環のプロセスが「問題増幅システム」である。この考え方には、家族療法の発展に寄与してきたMRI短期療法（Watzlawick, P., Weakland, J.H., & Fisch, R., 1974）の考えを取り入れている。子どもの問題が継続しているときには、必ず図20-⑤の「関わりにより増幅された問題」が問題発生後に生じ、それがさらに問題を複雑にする構造を有している。そしてそれは、図20-⑥に示した学校と家族との間の悪循環の相互作用によっても維持される。

このように、子どもの「問題」は、問題行動・症状の発症を起点として、過去（縦軸：成長発達システム）と現在（横軸：問題増幅システム）とが、らせん状に相互作用する形で構成されていると見立てることができる。この見立て図では、家族療法は図20-③への介入、学校へのコンサルテーションは図20-④への介入、子どもへの個人療法は図20-②への介入を意味することになる。

効果的な援助のためには、先に問題増幅システムを改善することが必要である。そのためには図20-③④に対する介入に加えて、図20-⑦の部分への援助が必要な場合もある。家族の問題増幅システムは、親自身の原家族や多世代における葛藤の投影（Bowen, M., 1978）や、親自身のトラウマが子どもとのコミュニケーションをゆがんだものにしていることに起因することが多い（大河原、2010b）。そのようなときには、図20-⑦親自身への個人心理治療を行うことが、結果として問題増幅システムを変化させることにつながる。親自身への個人心理治療に長時間かかる場合には、それが子どものための支援として成立しえないが、後述する［151-158頁参照］EMDRセラピーを利用することができると、きわめて短時間に親の変化を引き起こすことが可能なので、親への個人心理治療が親子の問題増幅システムの改善に直結するのである。詳細は第6章の事例を通して具体的に示す。

(2) 典型的な不登校の事例を通して

　ここでは、典型的な不登校事例の初回面接を例にあげ、図20［127頁］のエコシステミックな見立てモデルの活用について具体的に解説する。
　来談時小学5年生のじゅんは、小学4年生の6月から登校時の腹痛で学校に行けなくなっていた。

　　　じゅんの両親が相談に来たのは、小学5年生の9月であり、欠席しはじめてから1年3ヵ月が経っていた。小児科医から「腹痛は心の問題だから無理に登校させないほうがよい」とアドバイスを受けて、これまで様子を見てきたが、改善の兆しが見えないということで、相談が開始された。

　子どもの問題を援助する際には、「はじめて問題が発症したときから、現在までの間に何が起こっているのか」という点にまず注目する。「問題」が発症したあとに、その「問題」をめぐってどのようなシステムが構成されて

いるのかに着目するのである。この視点が、図20-③④⑤⑥の問題増幅システムにあたる。

　小学4年生の6月、じゅんは登校時に腹痛を訴え、しだいに登校することがまったくできなくなっていったので、図20-①「問題行動・症状」は、小学4年生時の「腹痛による欠席」となる。その間、小児科の受診を繰り返したが、最終的には「心の問題」と結論づけられていた。

　　じゅんは、しだいに登校場面だけではなく、さまざまな場面で「お腹が痛い」と訴えるようになっていた。たとえば、家族で外食しようといって、じゅんもにこにこして出かけたのに、レストランに着くなり急に「お腹が痛い」と言い出し、車から降りようとしない。親は「お腹が痛い」と聞くと、「心の問題」であるがゆえに「またか！」と腹が立ってしまい、「行くって言ったじゃないの！　どうしていつもそうなの！」と叱ってしまうことになるという。学校外でまで「お腹が痛い」と言われると、両親は無力感にさいなまれ、どうしてもいらだちを感じてしまう状況にあった。

　小児科医から「心の問題」としての身体症状であると告げられると、親はそれが身体の病気ではないことに安心はするものの、対応に迷うことになる。つまり「心の問題であるならば『気のもちよう』なのだから、がんばらせたほうがよいのではないか」あるいは「心の問題なのだから、そっとしておかないといけない。無理なことは言ってはならない」という迷いである。
　まして、登校以外の場面となると、おのずと親子の葛藤が深まることになる。子どもは「親に迷惑をかけている自分はダメな子で、自分なんかいないほうがいいんだ」という自己否定的な気持ちに苦しむことになり、親は「子どもをコントロールできない」ことで、親としての自信を失い、気持ちが沈み、どこかに原因を探そうとすることになる。つまり、生じた「問題」の対処が困難であることによって、「新たな問題」が生じてしまうのである。

したがって、子どもの心理的問題を見立てるときには、まず「問題（＝登校時の腹痛）」が生じたことによって、どのような問題が構成されているのかという点を見立てる。これが、図20-③④⑥の矢印が示す問題増幅システムである。この事例では「不登校の長期化（＝小学４年生の６月から小学５年生の９月まで、１年３ヵ月同じ状態が続いていること）」が図20-⑤の「増幅された問題」にあたる。

　　腹痛がはじまった小学４年生当時のクラスでは、とおるに対する「いじめ」がはじまっていた。みんなの動きについていけないとおるをばかにして笑うという雰囲気が教室を支配しはじめ、担任も悩んでいた。「学校で何かいやなことがあるの？」と聞かれると、じゅんは「みんながとおるのことをばかにするのがいやだ」と両親に説明していた。しかし、じゅん自身がいじめられているわけではないので、両親も担任も、じゅん自身が学校に行けないほどの腹痛になる理由はわからないと感じていた。
　　初回面接で、母は思いあたることとして、小学１年生のときにじゅんがいじめにあっていたことを語った。じゅんは小学１年生のとき、眼鏡をかけていることをからかわれ、教室の中で悲しい思いをしていた。休み時間には、クラスメイトに眼鏡を奪われ、見えない黒板の文字を読まされ、読めないことをばかにされて大勢に笑われるというようないじめを受けていた。当時、両親はわが子が教室でつらい思いをしていることは知っていたが、「このくらいのことで負けるような子どもにはなってほしくない」という強い思いから、学校を休むことを許さなかった。時には厳しく叱責して登校をうながしていた。当時の担任は「じゅんがきちんと自己主張できないためにいじめられるのであって、じゅんにも悪いところがある」と認識していた。担任からそのように聞くと、両親はますます「子どもを甘やかしてはならない」という思いを強くして、厳しく接していたとのことだった。母は「そのときに行かせなければよか

第５章　見立てと援助の方法論

ったのだろうか」と、今、後悔しているということだった。

　ここで語られている内容は、「問題」が生じる前の情報であり、図20-②にあてはまる情報として整理される。この情報は、小学1年生のときの「いじめられたという体験」に対して家族や学校がどのように関わったのかという情報である。初回面接の段階で、成長発達システムに関する情報をすべて聴取しようとすることは、実はあまり意味がない。初回面接で重要なのは、問題増幅システムを見立てることである。成長発達システムに関する情報は、子どもの現在の痛み・悲しみを理解するうえで役立つ情報として聴取する。

　　現在の担任教師は、親身になって母の相談にのってくれてはいるものの、「お腹が痛いという訴えがあるうちは、学校からは登校刺激をしないほうがよいだろう」と考え、積極的な関わりを控えているということであった。しかし、それは親にとっては「腹痛が治るまでは、学校には何もしてもらえない」というあせりとなっていた。

　不登校対応において、いわゆる「登校刺激（＝学校に来ることをうながす積極的な働きかけ）」をしないほうがよいということは、1990年代以降よく知られるようになった。しかしまた、その認識があまりにも浸透してしまったがゆえに、登校刺激を与えてもらえないことによる問題増幅が、最近は一般的になっている。
　この事例では、担任は「腹痛があるのであれば、無理に登校をうながさないほうがよいのではないか」と考え、距離をおくことにしていた。しかし「学校の情報が入ってこないこと」が、子どもの不安を増幅させている場合もよくある。
　担任の関わりにおいて最も重要なのは、教師の本音の気持ちである。教師が、子どもの欠席に対する共感的理解をもてない状態で子どもに接すれば、子どもは休んでいる自分を教師が受け入れてくれると感じることはできな

い。しかし、休んでいるというあり様をまるごと受け止めることのできる教師であれば、親と教師が電話で話している様子を聞いていることで安心する（＝戻れる場所があると認識できる）のである。

　ここまでの情報を整理してくる中で、私の初回面接での見立ての理解は次のようなものになる。「腹痛の訴えから不登校になったあとの問題増幅システムの中で、親も教師も『腹痛』にふりまわされて困っていることは明らか」である。成長発達システムに関しては、「小学1年生時のいじめ被害体験と4年生時の教室での他の子に対するいじめ問題との関係」は「まだ不明」と理解しておく。成長発達システムに関する情報は、長年の人生の歴史であり、「語られること＝話し手の物語（認識）」である。初回においては「まだ不明」ととらえつつ、継続していく面接の中でのさまざまな情報と合わせて、時間をかけて、過去の出来事と現在の問題・症状の意味を見出していくのである。
　以上の見立てに沿って、私は初回面接で次のように介入した。

　　私は、じゅんが「お腹が痛い」と訴えるときには、必ず「不安」があるということを説明し、レストランの前で車を降りようとしたとき、じゅんは何を不安に感じたと思うか、ということを親に問いかけた。
　　ちょうど駐車場に車をとめたときに、駐車場を出ていった車に同級生が乗っていたということであった。母は気づいたが、じゅんは気づかなかったかもしれないので、黙っていたということであった。
　　そこで私は「不安な気持ちがあっても腹痛にならないためには、自分が抱えている不安な気持ちを認識できるようになることが必要であり、そのためには、まず親がその感情を承認し、言語化してやることが効果的である」と親に説明した。そして、こういう場面では次のように対応できることを伝えた。「同級生がいるんじゃないかと思って、心配になったんだね」と子どもの訴えの裏にある不安を親が汲み取り、「店内に

誰か知っている人がいないかどうか、確認してくるね」と下見に行き、誰もいないことを確認してやる。そうすると、子どもは「不安を訴える⇒安心が得られる」ということを学習し、不安を不安のまま抱えることができるようになる。

　それが「子どもが親の顔を見ると安心する」という関係性の回復への第1歩であり、親のケアを求めるために「腹痛」を必要としなくなるために必要なプロセスであることを説明した。

　すでに欠席が定着している不登校の場合、親が困っている問題はこのような日常生活に関するものとなる。初回面接では、問題増幅システムを見立てるとともに、親が今、困っているニーズに応える必要がある。そしてそのことを通して、「子どもが親の顔を見ると安心する」関係性の回復を目指すための継続面接の契約をする。子どもが親の顔を見ると安心するという関係性を回復（再構築）し、自分の思いを語れるようになると、これから先に出会う不安に対処できる自信を身につけていくことができ、トラウマがある場合にはその治療が可能になる。

　　両親は、学校を休んでいる間にどのように関わることが子どもの回復をうながすのかを理解し、日常生活の中で実践していった。両親がじゅんの不安な気持ちを汲み取って承認する関わりを増やしていくと、いつの間にか、じゅんが「お腹が痛い」と訴えることはなくなっていった。その代わりに「友達に見られたかな？」「できないかもしれないからやりたくない」などと自分の不安を言葉にして訴えることができるようになっていった。

　自分を支配していた大きな不安が解消されると、子どもは休んでいることに退屈するようになり、おのずと学校に行きたいという欲求を感じるようになる。不登校からの回復期においては、学習空白による学習の遅れがさらに

不安を生み出すという問題増幅が生じるが、担任が子どものレベルに合わせた宿題を与え、学校での図工や家庭科などの課題を家でできるように支援するなど、休んでいることを保障した中でできる教育を提供することは、子どもの自尊心を高め、再登校のハードルを下げるために、とても大きな支援となる。また、休んでいる間に「子どもが親の顔を見ると安心する」という関係性を回復することができれば、それは不安に対する耐性が強くなるということをも意味しているので、学習空白による遅れの不安を、乗り越えられる不安として消化していくのである。

　以下は、じゅんの事例のその後の経過である（EMDRセラピーについては次々項［151-158頁］で説明した）。

　　じゅんの中から、登校したいという気持ちが出てくるようになると、不登校の最初のきっかけになった出来事、クラスにとおるをいじめる雰囲気があったこと、それがすごくつらかったことについて、自分の気持ちを親に話すことができるようになった。
　　この段階にくると、じゅんの過去の記憶の整理をする時期になる。
　　私は、小学生で親子関係が良好の場合（子どもが親の顔を見ると安心するという関係性が構築されている場合）には、親子同席の場でEMDRセラピーを行う。子どもが安心して取り組めるという点と、そこで表出される子どもの感情を親も同時に体験することが重要だからである。じゅんとのEMDRセラピーは、母と同席のもと、次のように進んでいった。
　　とおるがからかわれている場面を想起させて両側性刺激を加えると、想起される場面は小学4年生のときから、1年生のころの記憶へと動いていった。1年生のときに眼鏡をかけていることでからかわれていた記憶が想起されると、わんわん泣きはじめた。1年生のときのつらかった認知の記憶と解離されていた感情とが出会い、アブリアクション［155頁参照］が起こったのである。そのまま両側性刺激を加えていくと、当

時がんばった自分をほめてもらった記憶とつながっていった。つらかった記憶のアブリアクションを経て、肯定的な記憶とリンクすることで、過去の自分を肯定できるというEMDRセラピーの典型的なプロセスをたどることができた。隣に座っていた母もともに涙し、じゅんを抱きしめた。
　EMDRセラピーを通して、初回面接のときに「まだ不明」として保留にしていた情報に意味が生まれていくこととなった。教室で特定の子を「ばかにして笑う」というその雰囲気が、じゅんが1年生のときに「ばかにされて笑われた」記憶にヒットして、当時適応を優先するために一次解離させて封印していた不快や恐怖の感情がフラッシュバックしてしまうという事態が生じていたのだろう。それゆえに、じゅん自身が得体の知れない巨大な恐怖におそわれ、理由のわからない不安は身体化して腹痛を引き起こしたのだろう。以上のようなことが、心理治療の結果として明らかになったのである。
　じゅんは、小学6年生の4月から登校を再開した。

　子どもは、自分の中に起こっていることを意外と的確に伝えているものである。学校に行けない理由として「みんながとおるのことをばかにするのがいやだ」とじゅんが語っていたことの意味が、ここにきてようやく明らかになったと言える。
　ここで示したじゅんの小学1年生のときの体験は、大人から見れば、たいしたことではないように感じるが、生体防御反応としての不快感情や身体感覚を否定されてしまうと、そこで容易に一次解離が生じ、のちにトラウマ反応を引き起こすのである。その理由は、第1章に述べたとおりであるが、1年生のときに「不安だ」「いやだ」とぐずぐず言いながら、行ったり休んだりしていれば、あとに残らないレベルの問題だったとも言える。そこで完璧に耐えることを要求してしまうと、子どもは親に適応するために自己を犠牲にしてしまうことになる。

成長発達システムにおける問題だけを見ると、じゅんの不登校の原因は「小学1年生のときのいじめ？　両親の対応の悪さ？　担任の対応の悪さ？」と考えたくなるかもしれないが、重要なのは、そのように考えないことである。じゅんの成長発達システムにおいて、不運にも、これらの相互作用が生じてしまったということである。担任も両親もそのときには精一杯の対応をしていたのであり、何よりじゅん自身ががんばったのである。援助のコンテクストにおいては、過去の物語の中に原因を見つけて追及するのではなく、当事者の思いにきちんと共感し、困難を乗り越えてきたというコンテクスト（物語）として扱うことが最も重要である。

　そして、問題の継続・維持は、問題増幅システムが引き起こしているということをきちんとふまえる必要がある。なぜなら、ここに示したように、心理治療が進んで問題解決にいたるころにようやく、なぜこの問題が生じたのかという本当の理由が明らかになり、見立ての図を埋める情報のすべてが明らかになるものだからである。

　第1章で述べた子どもの感情の発達の視点は、成長発達システムにおける問題を理解するために有用であるが、実際の治療援助の現場においては、それをふまえたうえで現在の問題増幅システムをきちんと見立てることができないと、専門家がクライエントおよび家族の問題点を指摘して、家族は責任を感じて落ちこみ、結局は、専門家のアドバイスそのものが、さらに問題増幅を生み出すということにもなりかねない。問題増幅システムは、そもそも問題発症システムと重なっていることが多いので、成長発達システムの問題が明らかにならなくとも、問題増幅システムの改善を意図していると、おのずと問題解決システムが構成されていくことになるのである。成長発達システムに関する「物語」は、現在の子どもと親の苦悩に共感するための情報として理解することが何より重要である。「ああ、そういうことだったんだ」とわかるということ、それにより罪障感にとらわれる親をきちんと支援できることが重要なのであり、原因の責任の所在を明らかにすることは意味をなさないということは重ねて明記しておきたい。

2. 問題増幅システムへの介入の方法論

　ここでは、治療者・援助者とクライエントとの間で問題増幅システムが構築されてしまうようなことが起こらないために、(1)初回面接と(2)子どもへの心理療法の導入について解説する。次に、問題増幅システムへの介入を可能にする(3)システムズアプローチの方法論と認識論について説明する。

(1) 初回面接

　いわゆる伝統的な「インテーク（受理）面接」においては、子どもの成育歴を時系列に聴取していく形をとることが一般的に行われている。しかしながら、効果的な支援を展開するためには、「セラピストが何を聞くのかということ自体が親に与える影響」を考慮する必要がある。子どもの成育歴を時系列に聴取していけば、親は自分の育て方のどこかに問題があり、それを発見するために聴取されていると感じ、自分は「問題のある人（家族）」で、セラピストがその「問題を発見する人」というコンテクストを構成することになる。近年の家族療法（システムズアプローチ）の進化のプロセスにおいては、社会構成主義やナラティヴセラピーというものが注目され、「協働」の重要性が指摘されてきた。これらの考え方は、このように援助者が専門家として構成する支援の構造そのものが、問題増幅に加担していないかどうかに目を向けることの重要性を教えてくれている。

　私は、初回面接では、相談者が今一番に解決したいことにしぼって話を聴くことにしている。相談者が今困っていることのほとんどは問題増幅システムに関することであり、そのことへの答えを求めて相談にやってきているのである。図20［127頁］を頭におきながら、まず問題増幅システムをきちんと把握し、その改善を目指して介入するということは、相談者のニーズに合致しており、それゆえに次回への相談動機が高まるのである。初回面接ですべてを把握する必要はないし、それは不可能である。

じゅんの事例で示したように、初回面接の段階では、親が語る情報がどのように現在の問題や症状に影響を与えているのかは不明である。ゆえに、「情報」として整理することが重要であり、決して短絡的に「原因」とみなさないことが重要になる。そのためにも、図20の見立ての枠組みに沿って、どのエピソードがどの関わりについての説明なのかを認識しながら話を聴くことが役立つ。じゅんの事例でも示したが、なぜこの子が不登校になったのかという「なぞ」は、問題解決に近づく終結間際になってからわかることも多い。

　一般に初回面接では、「親が原因とみなしていること」が語られる。「親が何を原因とみなしているか」を把握すること自体に意味がある。それは、実際に重要な要因である場合もあるし、関係ない要因であることもある。時には、親自身にとってつらすぎるという理由から、否認の心性が働き、重要な情報が語られないまま相談が進んでいく場合もある。したがって、得られる情報を押さえておきつつ、問題増幅システムの改善を優先事項として相談を進めていくことが効果的な面接を導いていく。

　心理面接を行うにあたっては、初回面接で「契約」を行うのが基本である。心理療法における契約とは、何を目的にして、どのくらいの頻度で継続面接を行っていくのかということに双方が同意するプロセスのことである。したがって、無料相談の場合であっても、契約は重要な意味をもっている。次回の予約があるということそのものが、クライエントに影響を与え、変化をもたらすからである。

　非常勤雇用のスクールカウンセラーの勤務形態では、継続面接の契約をせずに、「何かありましたらまたどうぞ」という形をとるカウンセラーも多いが、面接の継続がきちんと約束されない構造の中では、親が問題増幅の悪循環から抜け出すことは困難である。カウンセラーとの関係において、継続して相談できるという安心感を与えることに意味があるのであり、その安心を提供できないカウンセラーとの関わりは、問題増幅システムの一部を構成することになるだろう。クライエントに安心感を与えることができる存在であ

るというところに、臨床心理職の専門性がある。不登校対応においては「無理に学校に行かせないほうがよい」というアドバイスをするだけ、おちつかない子どもへの対応においては「発達障害が疑われます」と言うだけでは、専門家とは言えない。専門家としての自分自身のあり様が、問題増幅システムの一部になりうるという視点をもつことが重要である。

(2) 子どもへの心理治療の導入（大河原、2014a）

次に、子どもの心理的問題の解決を求めて、親子が相談に来た初回面接において、面接に乗り気ではない子どもをどのように心理療法に導くのかという点について述べる。

親子で来談した場合、私は、最初は必ず親子同席で面接する。同席でセラピストの前に座ったとき、どのような会話がなされるのかという点から関係性をアセスメントできるからである。そこでの判断により、同席で面接を続ける場合もあれば、親子並行（同一治療者）の形にする場合もある。多くは同席と並行を兼ねる。別治療者による親子並行面接の形は行わない。臨床心理実習として院生にプレイセラピーやブレインジム［158-160頁参照］、子どもに必要なその他の支援を任せることも多いが、主治療者である私が、子どもや親のどちらか一方としか関わらないという形はない。私は、家族療法の立場に立つので、個人と面接していても家族システムを常に視野に入れているため、同一治療者による親子並行面接の形で不都合を感じることはなく、同一治療者が親子をともに把握していることによって、並行面接を行いながら家族システムを変化させることができるのである。

子どもへの心理療法の導入にあたって、初回面接の最初に把握しなければならない大事な点は2点ある。

1つは、親が「来談するにあたって、子どもにどう説明してやってきたのか」という点である。「どういう思いで何をしにここに来たのか」という、子どもが無意識にもちこむ前提は、心理療法導入のための重要なコンテクストとして位置づけられる。「お姉さんに遊んでもらえるよ」と言われてやっ

てきた子どもは、「遊んでもらう場所」という前提をもってやってくる。「学校に行けないことを相談しに行くんだよ」と説明されて、それに同意してやってきた子どもは、「助けてもらえる場所」という前提をもってやってくる。これらの前提は、セラピストの言葉を子どもがどう受け取るのかというコンテクストとなり、プレイセラピーなどの関わりが心理療法としての機能をもつかどうかに深く関係する。

　もう1つは、親の主訴と子どもの主訴が同じであるのか、異なるのか、そしてそれがどのように語られるのかを把握することである。子どもは子どもなりの困り感（ニーズ）をもっており、必ずしも親の主訴（ニーズ）とは一致しないことが多い。子どもを心理療法に導入するためには、子ども自身の困り感（ニーズ）を出発点にする必要がある。以下に具体例を示す。

　　母の主訴は、小学2年生の娘ゆみが学校に行かないこと。小学1年生の2学期から、1年間登校していないということであった。半年前まで他の相談機関でプレイセラピーを受けていたが、しだいに本人がいやがるようになり、中断となったということであった。母は、私のもとに来るにあたって、「ママが大学にお勉強しに行くから付き合って」と言って連れてきていた。つまり、ゆみは単なる「つきそい」としてやってきていた。しかしながら、わけがわからないまま私の前に座らせられて、母は「学校に行っていない」というゆみにとって「耳の痛い話」をはじめる。ゆみの顔はみるみる不機嫌になっていく。まさに親にだまされたと思う瞬間である。
　　私は、母がゆみにどのように説明してきたのかがわかった段階で、「なんだ、単なるつきそいで来ていたのね。ごめんごめん。じゃあ、待合室で待っていてください」と言って、待合室に戻すことにした。待合室では、よりそった院生が話しかけても一切返事をせず、「プレイセラピーされないように」かたくなに防衛していた。
　　母の話から、ゆみの不登校は、崩壊している学級に対する正当な怒り

第5章　見立てと援助の方法論　141

に基づくものであり、私はゆみの健康度の高さを感じていた。そしてそれゆえに、ゆみは以前のセラピストから「ゆみ個人に深刻な心理的問題があるかのように扱われること」に対して不満を感じて、プレイセラピーを拒絶したのではないかと推測した。そこで、私は母面接が終わってから、「お母さんからお話を聴いたけど、あなたはとても健康です。だから、次回もつきそいでいいです。お母さんは一人で来るのは心細いみたいだから、つきそいはしてあげて」と伝えて、そのまま帰した。

その次の回、ゆみは自分で面接室に入ってきた。私が「あれ？　今日はつきそいじゃないの？」と聞くとうなずいて、母の隣に座った。ゆみは母が話すことに途中で口をはさんで、自分が不満に思っていること（＝ゆみのニーズ）を私に伝えてくれた。ゆみは、登校したい気持ちはあるが、母の思いとの不一致で行きそびれてしまうことがわかり、本人の希望を取り入れる形での午後登校を開始することにした。

それ以後の面接では、はじめの10分間、ゆみの意向で同席面接をして登校をめぐる調整を行い、あとの時間は待合室で待つという形を3回ほど続けた。4回目に来たとき、ゆみがプレイルームという看板を気にしはじめたところで、よりそっていた院生にうながされてプレイセラピーを開始した。夢中になって箱庭に取り組み、自分の内的世界を表現していくようになった。

半年後の4月、クラス編成替えを機に、ゆみは登校できるようになった。

子どもが自分のために心理療法を受けるようになるには、その「動機づけ」が子どもにとって（子どもの症状の機能にとって）意味のあるものでなければならない。そのためには専門家が、自分自身をも含めた治療援助システムを視野に入れることが求められる。

子どもが来談しない場合は、親面接を通して親が変化していくことそのものが、子どもが自分自身のために心理療法を受けようと思い、来談するよう

になるための導入になる。子どもは「親に変わってほしい」と思っているとき、「問題は自分じゃなくて親だ」と主張するかのように来談しないものである。来談しないということにも意味があるのである。親が変化することによって、症状がシステム変化のための役割を終える段階がくると、子ども自身が症状から自由になるために「親を変えた人に会ってみたい」と言い出し、心理療法への導入が可能になることを、私はたびたび経験する。

ここで、第6章［186-195頁参照］で詳細に扱う「盗み」を主訴とした小学生女子の2事例の初回面接（大河原、2010a）を簡単に比較しておく。

> ふじ子（小学5年生）：主訴は、友達の家からおもちゃや本などをもってきて自分のものにしてしまうということが2年間続いている。親のお金をとることもたびたびあった。
> とも子（小学4年生）：主訴は、友達がもっているかわいいものをいつの間にか自分のものとして使っていたり、万引きをしたり、親のお金をとったりすることが、小学3年生のときからたびたび起こる。

ふじ子ととも子の事例は、主訴としてはほとんど類似の事例に見える。2人とも、ともに知的能力は非常に高く成績優秀で、進学志向の家庭に育ち、きちんと対話することができる少女で、面接にも主体的に臨んでいた。

私は、どの事例においても最初に「あなたが困っていることは何？」とまっすぐに尋ねることにしている。「子ども自身が困っていること」を聞かれてどう反応するかという点には、見立てのための重要な情報が多く含まれている。子どもは親の主訴とは別の困り方をしており、そこには「子どもが自身のネガティヴ感情とどのような関係にあるのか」ということが示される。

> ふじ子：母から叱られることが多くて「弟たちにはやさしいのに自分には厳しい」と話し、おいおいと泣いた。そして、友達の家からものをもってきてしまうのは母に叱られていらいらしたときが多く、母にやさ

しくしてもらっているときには盗ったことはないと話した。

　とも子：小学3年生のときに仲間はずれがあっていやだったということを、にこにこしながら元気に話した。ものを盗ることについては「ちょっと欲しいと思うと盗ってしまっていて、あとで考えると、そんなに欲しいものでもないから、いけないことをしたと思うけど、いつやってしまうかわからないから、お母さんとお父さんに『もうやらない』って約束できなくて、それで困っていると思います」とはきはきと答えた。

　このようにふじ子ととも子の「（自分が）困っていること」についての語り方には大きな違いがあった。これは、感情制御の発達状態における差異の反映である。ふじ子は、苦しい気持ちを抱えたままここにいることができていた。とも子は、苦しい気持ちを解離させて自分から遠ざけ、ネガティヴ感情を抱えることができない状態にあった。ふじ子の健康度は高いが、とも子はとても心配だという判断がつく。これは、第1章で述べてきた「感情制御の発達不全」という枠組みから見た個の発達（育ち）についての見立てであり、成長発達システムにおける問題の見立てにあたる。この点をふまえて、その子どもの心理療法に対する動機づけを行うことが出発点となる（第6章に事例の詳細を記載した）。

(3) システムズアプローチの方法論と認識論

　本章では、図20［127頁］のエコシステミックな見立ての枠組みを用いて事例を見立てる視点について解説してきた。クライエントが語る情報を、「問題が生じたとき」を起点にして、その前後で整理し、問題増幅システムに介入することが援助の第1歩であることを示した。なぜなら、問題増幅システムが継続している中で過去の傷つきや内面の治療を行っても、それは火に油を注ぎながら消火することと同じだからである。

　親から日常的に体罰を受けている子どもが学校でおちつきがないときに、おちつかせるために投薬を続けても、体罰が続いているかぎり、解決にはい

たらない。薬の量が増えていけば、その副作用からさらなる問題が生じ、そもそも何が問題だったのか不明になっているケースをよく見かける。子どもが親の顔を見れば叱られると思っている状態で、子どもに箱庭療法やプレイセラピーを続けても、プレイルームでの変化が日常生活に汎化されることはない。

　本書で述べてきたエコシステミックなものの見方は、システムズアプローチの認識論に基づくものである。過去の問題や個の問題を支援する方法論にはさまざまなものがあるが、関係性を扱う方法論は限られている。エコシステミックな視点から問題増幅システムを見立てて、その改善を図ることは、個人療法においてどの方法論をとる場合にも必要とされることだろう。特に心理的問題を抱える子どもを支援する専門家は、右手に個人療法の技法、左手にシステムズアプローチの二刀流であることが求められる。

　システムズアプローチは家族療法を支える理論であるが、その進化のプロセスの中で、ブリーフセラピー、ナラティヴセラピー、社会構成主義療法などを生み出してきた。これらの方法論は、人と人との関係性だけではなく、人と「問題」との関係性を扱うところに特徴がある。ゆえに、問題増幅システムの改善に役立つのである。

　私の臨床実践およびその理論化においては、システムズアプローチの成立に重要な役割を果たしたベイトソン（Bateson, G., 1972）のコミュニケーション理論およびその認識論が色濃く反映されている。私が考えるシステムズアプローチ（家族療法）の核概念は、「意味はコンテクストに依存しており、コンテクストの変化が意味の変化を生む」ということである。システム論的家族療法は、歴史的にコンテクストに介入する技法を開発してきた。問題を維持しているコンテクストは、一般の人には見えないものであり、あたかも専門家にしかわからないレントゲン写真のようなものである。そのコンテクストが読めるようになると、問題増幅システムを瞬時に判断することができるようになる。

　本書では、図20のエコシステミックな見立てモデルと問題増幅システムへ

の介入の解説をもって、私流のシステムズアプローチの実際を示してきたが、システムズアプローチに寄与してきた歴史的名著を巻末に紹介した。

3．成長発達システムへの介入の方法論

次に、私が子どもの個人療法に使っている方法論を紹介する。(1)「身体の安心感を獲得させる方法」は、誰にでもどこででも使える方法論である。(2)「記憶情報の再処理――EMDRセラピーという方法論」は、専門的トレーニングを受けた人にしか使用できない専門技法であるが、EMDRセラピーによって明らかになることを知ることが、EMDRを使わない人にとっても有用な情報であるので、解説を加えながら記憶情報の再処理の意味を伝えることを試みる。(3)「脳の働きのバランスを整える――ブレインジムという方法論」は、発達のつまずきを補うことを可能にする方法論であり、心理療法の中に組み入れることを多くの方に試みてほしいので、ここで紹介した。(4)では、プレイセラピーの中での攻撃性の扱いについて解説し、(5)では、どの方法論を用いる場合であっても、感情制御の育ちを視野に入れることの重要性を述べた。

(1) 身体の安心感を獲得させる方法

第1章では、現代の日本における子どもの感情の育ちのプロセスでは、不快な感情を安全感によって制御する基本的な脳機能の発達を自然に獲得することができない状況が深刻化していると述べた。そして、このような感情制御の発達不全の状態は、怒りを制御することができない状態の子どもだけではなく、不安が身体化する不登校の子どもなどの場合にも同様であることを述べてきた。発達途上にある子どもの心理的問題を治療するための基本的な目標は、ネガティヴ感情を安全に抱える力（＝感情制御の力）を獲得させることである。そのためには、不快感情の記憶と身体にアプローチすることが必要となる。

一般に子どもたちは「不安に思っちゃいけない」「がんばらなくちゃいけない」といった認知によって、自己のネガティヴ感情を統制しようとする（トップダウン制御）。ここで脳幹部・辺縁系の命を守るための欲求と前頭前野からの統制（トップダウン制御）とのバランスがとれない状態になると症状化する。トップダウン制御が強すぎれば、抑うつ、摂食障害、過剰適応、心身症、不眠、ぼーっとしている様子などが表面化するだろうし、反対にトップダウン制御が不能になると、怒りを制御できない状態、過覚醒によるかんしゃく（meltdown）が主症状となるだろう。治療目標は、安心感による制御（ボトムアップ制御）が機能して、脳全体（Whole Brain）が健全に起動する状態を回復させることである。
　そのために、誰にでも応用できる方法をいくつか紹介しておく。

【呼吸】
　まず「呼吸」である。深い呼吸をすると身体がおちつくという状態を学習させることである。心理的に不安定な子どもは、深呼吸をして身体がおちつくということ自体がきわめて難しい状態にある。そもそも、それを学習していない子どもさえいる。信頼できる大人との関係の中で、ゆっくり呼吸ができ、一緒に呼吸をすると、身体があたたかくなって、おちつくという感覚を経験することは、子どもが適応を維持するための必須の条件となる。「意識的に呼吸をすることで身体がおちつく」ということを体験できない状態では、そもそも教室に適応することは困難なのである。おちつかない子どもに薬を飲ませることを考える前に、毎日一緒に呼吸をしておちつける時間を作る工夫と努力をすべきである。
　呼吸は脳幹部の仕事であり、それにより身体がおちつくという感覚は辺縁系で感じるものであろう。それを意識的に行うというところで皮質が使われている。つまり、Whole Brain（脳全体）を使うのである。意識的に呼吸をすることはマインドフルネスの状態を導く方法でもある（Brandt, A., 2014；Lanius, U.F., Paulsen, S.L., & Corrigan, F.M., 2014）。

呼吸をするという当たり前のことが、心理治療を必要としている子どもにとっては簡単なことではないところが問題なのであり、それを援助することは誰にでもできる。深い呼吸ができると、手足があたたかくなり、子どもはあくびをして眠いと言う。それはうまくいっている印である。手足があたたかくなることで身体がおちついていることを意識化させ、これが安心・安全の感覚なのだということを子どもに教えてほしい。

　子どもと一緒に呼吸をするときには、どんな呼吸であっても、「上手だよ」「いいね」とほめながら進める。なぜなら、呼吸は寝ているときや無意識のときには深くなされるものであり、「上手に呼吸しなくちゃ」と意識化すると、緊張が生じ、浅くなるものである。大事なのは、身体感覚に自分をゆだねて自然体でいられるようになること、そのためには大人から「それでいいよ」と承認される関係性が必要なのである。小学校低学年においては、休み時間に一緒に呼吸する時間を5分作るだけでも、有効な援助になる。少なくとも、「教室でみんなに迷惑かけないようにしなさい」とこんこんと言って聞かせるよりは、はるかに効果があるだろう。

　親との関係においてそれが実現できている子どもは、教師やスクールカウンセラー、支援員などとの関係においても、すぐに呼吸が安心につながるという体験をすることができる。逆に言うと、おちついて呼吸をすること自体が困難な子どもは、親との関係においてもそれが困難であることを示しているわけであり、だからこそ、安心できる第三者との関係が意味をなすのである。

【とけあい動作法（ぴたふわ）】
　文教大学の今野義孝教授の「とけあい動作法（今野、2005）」も身体の安心感を引き出す方法として、比較的誰でもが使える技法である。「ピター、フワー」のリズムで手のひらを合わせて、援助者が圧をかけ（ピター）、そして力を抜く（フワー）ことを繰り返す。呼吸を合わせながら身体の心地よさを体験させることで、理屈なしに身体が安心・安全を感じることができる。

【「安全な場所」の絵】

「Safe Place＝安全な場所（本人が安心・安全を感じられる場所や大好きな場所など）」を絵に書きながら、呼吸を合わせる。身体と認知を安全な感覚のもとで統合させることに役立つ方法である。

【「ゆでたまごモデル」の絵】

「安全な場所」を想起して絵にするというような若干高度な指示に従うことが難しい状態にある子どもの場合には、私が「ゆでたまごモデル」と名づけた方法を使ってみてほしい。図21は、友達とけんかしたときの不快な気持ちがおさまらず暴言を吐いていた小学2年生男子の「ゆでたまご」である。

「今のいやな気持ちは何色？」「黒に決まってるだろうが！」「じゃあ、黒でここにぐちゃぐちゃって色を塗ろう（援助者が○を書き、一緒

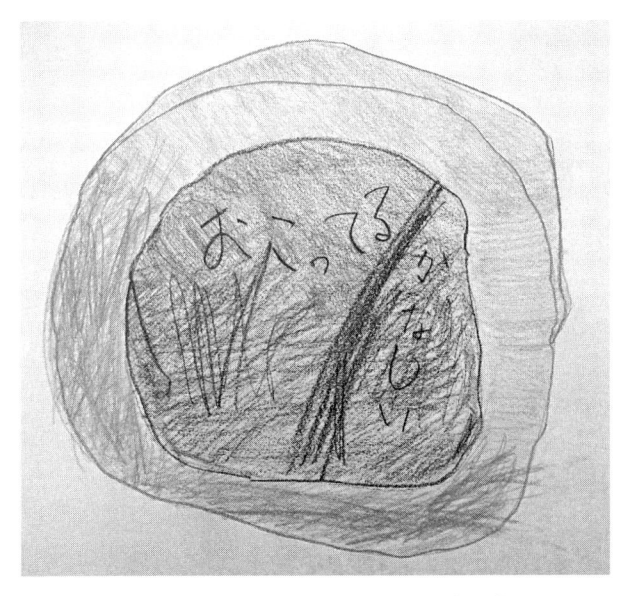

図21 「ゆでたまご」モデルの描画（再現）

にぐちゃぐちゃに色を塗る）」。塗り終えたところで、「大好きな色、安心の色は何色？」と聞くと、色鉛筆の中から「金メダルと銀メダル」と言って、金と銀をとった。「じゃあ、ここを金と銀にしよう（援助者がゆでたまごの白身の部分の枠を書き、一緒に塗る）」とうながした。塗り終わってから、「この黒い気持ち、どんな気持ちかな？」と尋ねると、「こっちは怒ってる、だけど、こっちは悲しい」と言って、線を引いて文字を書き加えた。「そうか、悲しくて怒ってたんだよね」と言うと、目を見てしっかりとうなずいた。

単純に、色を塗る作業は、気持ちをおちつかせるという効果もある。加えて、ネガティヴ感情を安全な色で囲む作業は、今の不快を否定することなく守るというメタファーにもなる作業である。色を塗りながら子どもの呼吸とリズムを合わせ、おちついた呼吸に誘導していくこともできる。絵の上手下手が問われず、作業を通してのカタルシス的効果もあり、かつ、結果としてできあがるものがいやな気持ちが大事にされている絵になるので、便利なツールである。

【水を飲むこと】
以下、ブレインジムの項目でも説明する［158-160頁参照］が、水を飲むということは、脳を正常に機能させるためにとても重要なことなのである。「飲んだ水は、細胞膜間の電位を増加させる媒介物質、つまり仲立ちとなり、神経網の機能には欠かすことができないもの（Dennison, P.E., 2006）」であるという。お茶やスポーツドリンクなどによる水分補給ではなく「水」を飲む習慣は、子どもの脳の発達においても、大人のストレス解消のためにも大変重要なことである。

呼吸と水という基本を押さえたうえで、ここで示した方法は、たとえば、保健室登校をしている子どもが廊下からの声におびえた場面などにも利用可

能である。身体に不安や恐怖が喚起されているそのときに、水を飲ませ、ゆっくり呼吸をうながし、不安の感情があっても身体は安心を感じていられるという体験をさせることが、不安への耐性を育てる。そのためには、おちついている日常生活の中で、呼吸によって身体の安心感を喚起できるよう練習しておくことが必要である。それによって、不安や恐怖を感じたときに、呼吸をすることで身体の安心を獲得することができるという学習が可能になる。「廊下から声が聞こえたって、心配することないんだよ」と説得することは、前頭前野からの統制（トップダウン制御）を求めることであり、身体の不安はますます増加してしまうので、逆効果なのである。不安や恐怖を感じているその場面で、同時に安心を体験できることが耐性を強化する。

(2) 記憶情報の再処理──EMDRセラピーという方法論

EMDRセラピー（Eye Movement Desensitization and Reprocessing Therapy：眼球運動による脱感作と再処理法）(Shapiro, F., 2001) は、1987年にフランシン・シャピロ博士によって開発され、トラウマ記憶に対する効果的な治療法として注目されている心理治療の技法である。EMDRセラピーは、記憶の再処理を短時間に可能にするという点で大変画期的な方法であり、しかもそれがクライエント自身におのずと備わっている自己治癒力によってなされるものであるという点において、きわめて優れている方法論である。EMDRセラピーでは、脳機能における自己治癒力をAIPモデル（Accelerated Information Processing：適応的情報処理モデル）として理論化している (Leeds, A., 2009)。EMDRセラピーにおけるAIPモデルの本質を理解することは、トラウマ治療のみならず、すべての心理的問題の理解と解決にとって有益である。なぜなら、私たちの苦しみは過去の記憶とそれに基づくネガティヴ感情・身体感覚から生じていることがほとんどだからである。

EMDRセラピーとは、不快な記憶の想起とともに、眼球運動やタッピングなどの両側性刺激を利用して、トラウマ記憶の再処理を行う技法である。

ターゲット記憶を想起しながら、セラピストが指を左右に動かし、それに合わせてクライエントが眼球を左右に動かすという「二重注意（Dual Attention）」が、生来的に情報処理機構に備わっている自己治癒力を生理的なレベルで賦活すると考えられている（Shapiro, F., 2001 ; Leeds, A., 2009）。

　EMDRセラピーを理解するためには、まず、トラウマと記憶と脳の情報処理のメカニズム（AIPモデルの前提）について理解しておく必要がある。ここでは、私が子どもの心理治療の中でどのようにEMDRセラピーを使っているのかという点から説明を試み（大河原、2004b）、それを通してAIPモデルの本質を伝えたいと考えている。

【トラウマと記憶のメカニズム】

　子どもに多い「いじめ」の被害によるトラウマを例にとろう。ある中学3年生が、クラスの中でいじめのターゲットとなり、机の上に「死ね」と書かれたり、無視されたり、給食をわざとこぼされたりするようなことが、半年にわたって続いていた。受験を控えていたため、学校を休むわけにはいかず、がんばって登校を続けていた。学校に行ってしまえば、何も感じずに生活することができた。しかしながら、念願の高校に進学したあと、学校のチャイムの音を聞くと、身体がふるえ、恐怖におそわれて、登校することが困難になってしまった。現在の高校にはいじめるクラスメイトはいないのに、身体が恐怖を感じて固まってしまうのだ。このような場合、中学3年生時の「いじめられ」がトラウマになってPTSD状態を引き起こしたと見立てることができる。さて、ここでいう「トラウマになる」とはどういうことを意味しているのだろうか？

　記憶のネットワークには5つの要素があると言われている（Leeds, A., 2009）。①認識の記憶（ex.「私が悪いんだ」）、②情動の記憶（ex.恐い、悲しい、つらい、腹立たしい）、③身体感覚の記憶（ex.身体がふるえる、緊張する、心臓がどきどきする）、④イメージの記憶（ex.机の上に書かれた「死ね」の文字、友達のにやにやと笑う顔、無視する顔、にらむ顔）、⑤聴覚の

記憶（ex.くすくすと笑う声、チャイムの音、机を動かす音、「お前はダメだ」と言う思考の声など）。

　通常の記憶では、これら５つの記憶のネットワークはひとまとまりのセットになっており、そのまま脳の中で「長期記憶の倉庫行き列車」に乗って情報処理（代謝）されていく。「情報処理される」とは、日常的な感覚としては「ごくふつうに忘れていく」ということを意味している。「過去の記憶」としておちつく、とも言い換えられる。

　ところが、衝撃を受けたときの外傷記憶では、これらの記憶のネットワークがばらばらに切り離されることになる。通常の反応としては、①認識の記憶は明確に覚えているが、そのときに伴っていた②情動の記憶、③身体感覚の記憶、④視覚の記憶、⑤聴覚・思考の記憶はばらばらになってしまうと考えられている。このばらばらにするという作業が、脳が自動的に身を守るために行う「解離の防衛」なのである。この防衛反応のおかげで、危機的場面においても冷静に対処することができる（ex.学校に行ってしまえば何も感じないでいられる。登校を続けることができる）わけで、「解離の防衛」はある意味「能力」でもある。

　ところが、このようにばらばらにされた記憶の諸要素は、ばらばらであるがゆえに「長期記憶の倉庫行き列車」に乗ること（＝情報処理されること）ができない。つまり、乗り遅れた記憶のネットワークの断片は、「過去の記憶」になることができずに「現在」という時間の中でさまよいはじめる。すると、なんらかの刺激（ex.チャイムの音や制服や校門など）が引き金になって、これらのばらばらな記憶をリアルによみがえらせるという現象を引き起こす。これがフラッシュバックである。そのために、いじめられていた当時に感じていたはずの情動（ex.恐い）や身体感覚（ex.身体がふるえて固まる）が、「過去」のことでありながらも「現在」においてリアルに再現されるのである。そのために、現在は安全なはずなのに（ex.高校にはいじめるクラスメイトはいない）、危険にさらされている恐怖が持続する（ex.そのために登校できない）ということが起こる。

このように「トラウマになる」とは、自己に衝撃を与える出来事の記憶が、脳の自然な情報処理の流れの中で代謝されずに、「過去」の情動や身体感覚や視覚や聴覚の記憶が「現在」リアルに存在するという状態に陥っていることを意味しているのである。

　しかしながら、同じような状況になってもトラウマになる人とならない人がいる。その違いに大きな影響を与えているのが、家族など周囲の重要な人間との相互作用「ことば」である。たとえば、いじめられたことに対して「あなたの性格になおすべきところがあるからいじめられるのよ。性格をなおしなさい」と言われる場合と「つらいと思うのは当然だよ。それは不当な人権侵害だよ」と言われる場合では、「いじめられ」という出来事が人に与えるダメージに明らかな違いがある。つまり、家族や教師などの周囲がその出来事をどのように評価するかということは、出来事の意味づけを決める文脈として機能するのである（大河原、2003）。そして、その文脈は多くの場合、生い立ちの中に刻まれている関係性でもある。そのような関係性の中で、その衝撃的な出来事をめぐってネガティヴな認知（ex.「私は価値のない人間だ」「私は生きるに値しない人間だ」）が構成された場合、トラウマを持続させる重要な要素になっていく。

　このように、トラウマは、記憶のメカニズムに由来するフラッシュバックという情動・身体反応（身体面：辺縁系・脳幹部領域）と、その人の生い立ちや関係性の中で構成されている自己否定的な物語（認知面：前頭前野領域）という2つの側面から成り立っていると言える。

　「トラウマが治る」とは、ばらばらに切り離されている記憶の要素が、再びひとまとまりのネットワークを再構築して「長期記憶の倉庫行き列車」に乗るということを意味している。これを「情報の再処理」という。再処理される（＝記憶が代謝される）と、過去の出来事が本当に過去のものとなり、ごくふつうに忘れていくことができるようになるのである。ごくふつうに忘れるとは、記憶がなくなることを意味するのではなく、記憶にともなう痛みはやわらいで「セピア色の思い出」になっていくということである。

【フラッシュバックとアブリアクション】

ところが、「情報が再処理される」ことは、それまで身を守るために解離させていた情動や身体感覚などが、もとの記憶のネットワークとしてひとまとまりに戻るということなので、もう一度つらい体験を「再体験する」ということになる。つまり、いじめられていたことを思い出し、ふるえながら「恐い‼　くやしい‼」と泣きじゃくり、怒りを吐き出すということである。

外傷体験における情動や身体感覚が、治療場面という安全な環境で「再体験され」、それにより記憶の統合がうながされ、脳の中の情報が再処理されていくプロセスは、一般にアブリアクション（解除反応）と言われている。EMDRセラピーは、このアブリアクションを短期・急速にもたらす技法なのである。

アブリアクションは、換言すると、治療的に引き起こされるフラッシュバックであるともいうことができる。フラッシュバックは、通常、本人の意図しないところで起こるために、過去の情動や身体感覚の洪水が、現在の自己に脅威を与え、安全感・安心感を脅かすことが現在もなお継続し、ネガティヴな認知を強化するという意味で、トラウマによる障害を強めるものである。しかし、解離されている過去の情動や身体感覚がフラッシュバックする現象は、脳が情報を再処理して記憶の統合を図ろうとする回復への方向性の中で起こることでもある。安全が保障されている治療の場で、過去の情動や身体感覚が引き出される場合、フラッシュバックと同じ現象がアブリアクションとして機能し、記憶の統合が行われ、外傷記憶の再処理にいたるのである。つまり、再体験を受け止める器（関係性）があるかどうかにより、治癒にいたる再処理となるか、再外傷になるかが決まるとも言えるのである。

【脳への信頼と再処理のプロセス】

このように、EMDRセラピーにおいては、トラウマを「外傷記憶が不十分な情報処理システムの中に固着した状態で貯蔵され、時の流れの中で自然に適応的に処理されていくべき情報処理過程が滞っている状態（Shapiro, F.,

2001)」ととらえる。方法としては、認識の記憶、視覚の記憶、聴覚の記憶、思考の記憶など皮質領域から喚起される記憶と、同時に、辺縁系から喚起される情動の記憶や身体感覚の記憶をワーキングメモリ上に想起させ（意識させ）、その状態で眼球運動などの両側性の刺激を加える。記憶の想起に両側性刺激を加えることで、神経回路のネットワークに変化が生じ、負情動や身体感覚が再処理される。重要なのは、その過程においては脳がおのずと自分にとって必要な反応を選択して自己治癒に導くというAIPモデルが前提とされている点にある。セラピストが意図的な方向にもっていくのではなく、クライエントの脳が自らの命を守る方向へと導くのである。このプロセスを図22に示した。

　EMDRセラピーは、「情報の再処理」をきわめてすみやかに劇的にうながすという点において画期的な治療法であり、かつ、それが自己治癒として生じるところに特徴がある。自己治癒として生じるということは、セラピストはそのためのお膳立てをする役割であるということを意味している。EMDRセラピストには、クライエントの脳が安心して自分にとって必要な仕事をすることに集中できるような関係性を保障する技量が求められる。生きようとして動くその人の脳に対する究極の信頼が、EMDRセラピーの前提である。

　EMDRセラピーは、急速にアブリアクションを引き起こすので、きわめて顕著な効果を生み出すのであるが、反面、それまで身を守るために解離させていた情動や身体感覚に一気に曝露することになる場合もあるので、セラピストとしての高度な技量が求められる。そのため、技法の獲得にあたっては、EMDRIA（EMDR国際学会）が認定したコースにおいて、認定トレーナーが世界共通レベルでトレーニングを行うことになっており、書物のみによる実施は禁じられている（そのため、本書においても具体的な実施方法については記載していない）。

　私は1998年からすでに16年間使ってきたが、EMDRセラピーによってクライエントが短期間に治っていく姿を通して、人の心のメカニズムについて

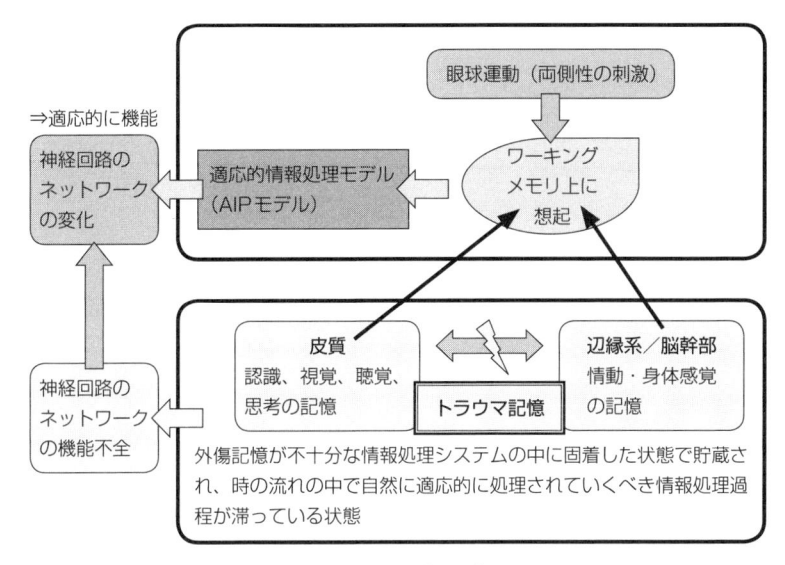

図22　EMDRセラピー

多くを学んできた。本書もその成果の１つである。EMDRセラピーを使いこなすためには、事例そのものをきちんと見立てる力が求められる。そのために本書が役立つことを願っている。

　最後に加えておきたいのは、トラウマは記憶の情報処理の問題なので、日常生活の中で自己治癒が自然に起こることもたくさんあるということである。封印していた過去の記憶があふれ出て、大泣きして、信頼できる他者に抱きしめてもらうことで、終わったと思える感覚になったという体験をしたことがある人は多いのではないだろうか。それはまさに、安全な関係性の中で再体験が生じたことによる自己治癒である。本書で強調している「子どもが親の顔を見ると安心する関係性」とは、小さな傷つきをその日のうちに癒す関係性である。つらい出来事があっても、ちゃんと泣いて怒って受け止めてもらえるという関係性の中で、人の記憶は適正に処理されていくのである。子ども本人が心理治療の場に登場しない場合であっても、親への援助を通して、親子の間で子どものトラウマを癒す関係性を構築することによっ

て、子どもが治っていくということは可能である。記憶の再処理はEMDRセラピーをしなければ生じないということではない。AIPモデルに基づく記憶の再処理のメカニズムに目を向ければ、EMDRセラピーを使わない人にとっても、これまでとは違う視点での援助が可能になるということを提案したい。

(3) 脳の働きのバランスを整える——ブレインジムという方法論

第1章で、幼いときから子どもたちが生体防御反応としての負情動や身体感覚を承認されてこないと、そもそも安心・安全によって感情制御が行われる機能がうまく育ってこないということを説明してきた。その結果、発達障害様症状を示す子どもたちが多くなってきている現状にあるわけだが、発達障害様症状とは、脳全体の統合がうまくいっていないことを意味している。脳は、発達の中で左右（左脳と右脳）の統合、前後（脳幹部と前頭前野）の統合、上下（辺縁系と前頭前野）の統合が自然に行われることで、脳全体を効率よく使うことができるようになる。生来的に発達障害をもっている子どもの場合も、これらの統合がうまくいっていないことを意味している。

臨床家の理解の仕方としては、ここでいう「統合」を神経伝達のネットワークの「接続」というイメージでとらえてよいのではないかと考えている。「接続」しそびれているわけなので、「接続」すればよいことになるが、その「接続」を助けるエクササイズがブレインジム（Brain Gym®）（Dennison, P.E., 2006）という方法なのである。

ブレインジムは、アメリカのポール・デニソン博士が開発した教育支援のためのエクササイズで構成される方法論（Dennison, P.E., 2006；田村、2011）である。アメリカでは、発達障害をもつ子どもへの支援だけではなく、能力開発の方法論としても教育に取り入れられている（Hornbeak, D.C., 2007）。

26種類のエクササイズ（体操のような動き）が、左右（左脳と右脳）の統合、前後（脳幹部と前頭前野）の統合、上下（辺縁系と前頭前野）の統合をうながすように構造化されている。これらの動きが、神経生理学などに基づ

いた根拠をもっていることは、実際に子どもの変化を見るとよくわかる。

　自転車にはじめて乗ったときのことを思い出してみてほしい。最初は、意識的に注意を集中して、かなりの努力のもとにようやく乗ることができるようになる。しかし、一度学習してしまえば、無意識になんの努力も必要とせずに乗ることができるようになる。ブレインジムでは、前者の状態をローギア、後者の状態をハイギアと呼ぶ。つまり、意識的な多大な努力を必要とする状態がローギアで、無意識に力を抜いてできる状態がハイギアである。ブレインジムの26種類のエクササイズを行うにあたって、当初ローギアだったものがハイギアでできるようになると、脳の中でスムーズな「接続」が可能になったということを意味している。

　発達障害の子どもは、他の子どもがハイギアでできることを、常にローギアでやらなければならないので、多大な努力のエネルギーを必要とし、疲れていやになってしまう状態にある。たとえば、「黒板を写す」だけのことであっても、手と目の協応がスムーズに発達していなければ、大変な労力を要することになり、いやになってしまうのは当然だ。実際、ブレインジムのエクササイズのレイジーエイト（指で∞〔無限大〕の字を書きながら、それを目で追うエクササイズ）を行っていくと、最初は目が動かなかったものが、だんだん上手にできるようになってくる。そうすると、黒板を写す動作が楽にできるようになり、その結果、学習に不快を感じなくなってくるのである。

　発達障害様症状に陥っている子どもたちは、脳全体の発達のバランスが悪いため、年齢に応じて期待されるさまざまな課題をハイギアで行うことができず、常にローギア状態なので、学校に適応すること自体が重労働なのである。このような子どもたちへの支援として、ブレインジムは大きな可能性をもっている。

　また、人はストレスフルな状況にあると、脳が身を守ることにエネルギーを使うモードに入るので、新しいことを学習するための「接続」が使われなくなり、あたかも錆びついてしまったかのように動かなくなる。つまり、心

理的に困難な状況下にある人もまた、ローギア状態に陥るのである。うつの人たちの中には、このような状態にあることで悪循環になっている場合がある。特に、先にも述べたが、神経回路のネットワークの「接続」は電気的なやりとりなので、水が不可欠とされる［150頁参照］。脱水状態にあると、学習が起こらないのである。長くうつ状態にある保護者に、「ふだん、水を飲みますか？」と尋ねると、「水は飲まないですね」という方が多いことに驚く。のどの渇きをうるおすためにお茶やコーヒーを飲むことが日常化して、水をとるということを意識することは少ない時代なのかもしれない。中には、炭酸飲料やスポーツドリンクしか飲まないという方もいる。しかし、脳の中で情報が処理されるためには水が必要だということは、再確認する必要があるだろう。

　私は、カリフォルニアのホーンバック氏（Hornbeak, D.C., 2007）の講座を受講し、ブレインジムを心理臨床に取り入れはじめてまだ日が浅いが、非常に手ごたえを感じている。前述したEMDRセラピーは、解離を解除し、辺縁系（感情）・脳幹部（身体感覚）と前頭前野とのつながりを生み出すことに圧倒的な力をもっているが、ブレインジムはもっとマイルドな方法で、左右の統合と脳全体のバランスを整えることをサポートするという実感をもっている。第6章の事例で、ブレインジムをどのように取り入れるのかということを提示する。ブレインジムも、「ブレインジム101」という24時間（3日間）の講座を通して学ぶことが推奨されているが、EMDRセラピーとは違って出版物から学んで実践することが禁じられているものではない（田村、2011）。子どもの発達を促進するために自己治癒力の活性化をうながすものであるので、子どもがやりたいエクササイズを行うことが害になることはなく、いくらかでもよい変化を生むとしたら、取り入れることをためらう必要はないと考える。エクササイズについては、YouTubeにさまざまな動画がアップされている。

(4) セラピーの中での攻撃性の扱いをめぐって

　伝統的なプレイセラピーにおいては、安全な空間であるプレイルームの中で自由に攻撃性が表出されることは、心理治療の重要な局面として重視されてきた。しかしながら、本書で述べているような感情制御の発達不全の状態にある子どもたちの場合には、プレイルームにおける攻撃性の表出が本当に効果的な結果を生むものなのかどうかを十分に検討する必要がある。時代の流れの中で、子どもの状態が変わってきているということを考慮しなければならない。

　プレイルームにおける攻撃性の表出が治療的に意味のあるものとなるケースは、いわゆる「抑圧」のような形で、ネガティヴ感情を表出できずにいたようなケースである。過去においては、不登校の子どもたちのほとんどがこのようなタイプであった。自分の本当の気持ちを外に出すことができないために適応に困難を抱えていた子どもが、プレイセラピーを通して本当の気持ちを表出することを学び、ネガティヴ感情を表出しても大丈夫だということを体験することによって社会適応を回復していく。この場合、プレイルームでの攻撃性の表出は、プレイルームのルールの範囲内でとどまるものであることにも意味がある。たとえば、箱庭の枠の中や、描画の紙の上での殺戮行為や暴力である。

　ところが、解離様式で適応している子どもには、より高度な関わりが求められることになり、従来の伝統的な方法でプレイセラピーを行うことには困難がともなう場合がある。解離様式で適応している子どもは、場面によって異なる顔を見せるので、学校できれている子がプレイルームではいつもよい子でいるということが何年も続きうるのである。この場合、楽しく遊ぶことはできるが、まったく治療効果は期待できないことになる。解離しているので、そう簡単にはネガティヴ感情に到達しないのである。

　一方で、プレイルームの受容的雰囲気の中でネガティヴ感情の表出が許されるとなると、今度は制御不能なエネルギーが表出されて、それは破壊行動となることがある。プレイルームのおもちゃや道具が壊れるほどの攻撃性

は、セラピストにとってもプレイルーム内の物理的・心理的安全を保障しないので、そもそもプレイセラピーの継続を困難にするものとなる。解離様式で適応している子どもが、解離を解除して、ネガティヴ感情を統合していくためには、第2章に示した乳幼児期のしつけのプロセス［56-59頁参照］を実現する必要がある。不快感情の表出に動じず、感情を承認するが枠組みは変えないという関わりである。たとえば、終わりの時間がきても帰らないとごねて破壊行動を行う子どもに対して、「終わりの時間がきて、残念なんだよね。それで怒っているのね」と感情を承認しつつ、「終わり」という枠を変えずに子どもが自己制御できるまで根気強く待つという関わりである。しかしそれは、本来のプレイセラピーが意図するところとは異なるものとなるので、そもそもプレイセラピーが妥当な選択肢なのかどうかを検討する必要がある。プレイセラピーの受容的枠組みは、解離様式で適応している子どもを、制御できない逸脱に誘導してしまうこともあるとふまえたうえでの治療の組み立てを行うことが求められる。

　また、感情制御の発達不全にある子どもは、箱庭を行うと、静止画状態の箱庭（図23）を作成することができず、動画状態の箱庭遊び（図24）になってしまうということも特徴的である。これは、ネガティヴ感情の制御が苦手であるということをきわめて象徴的に表現していると見ることができる。たとえば、戦いの場面で、やりをもった人と動物が対峙してにらみあう場面を静止画のように作るということは、その葛藤状態で止まるということを意味している。そこで、「バゴーン!!」と実際にぶつけないではいられないということこそが、その症状を表している。したがって、このような状態の子どもたちに、静止画の箱庭を作成するようにうながすことには、治療的効果がある。葛藤状態をそのままに抱えるということのメタファーになるからである。見本を作っておいて見せるなどの工夫をして、「一番かっこいいと思う場面で止めるんだよ」とうながし、その指示に従うことができるなら、プレイセラピーや箱庭療法を用いて治療効果をあげることができるだろう。それでも、箱庭の人形が壊れるほどの力で動画様の遊びを続けるとしたら、それ

図23 箱庭における「静止画」(再現)

図24 箱庭における「動画」(再現)

は箱庭療法を続けることは適さないと判断すべきである。解離様式で適応している子どもは、プレイルームでネガティヴモードにシフトして、その暴力性を肯定されてしまうと、日常世界と非日常のプレイルームという構造そのものが、二面性の維持を強化することになる可能性もあり、暴力モードでプレイをすることは効果的ではないのである。

　制御を学ばせるためには、スローモーションも有効である。ぬいぐるみで戦いごっこをしてエスカレートしていくような場合に、スローモーションというルールを守ることができるとしたら、それは効果的である。スローモーションは力の制御を必要とする動きだからである。しかし、その指示を守れず、セラピストが耐えがたいほどぬいぐるみを通して暴力を受けるような状態になる場合には、プレイセラピーの適用ではないと判断すべきである。

(5) その他の方法論

　成長発達システムにおける問題に対する個人療法の方法論には、他にもさまざまな方法があるだろう。ここでは、私が日常的に使用している方法論と、それを支える考え方を示してきた。本書では紹介しなかったが、私はフォーカシングやイメージ療法なども、呼吸と合わせてよく利用している。

　私は、どのような方法論をとるかということは援助者の好みの問題であると考えており、どの方法論が優れているかと競うことには意味を感じない。臨床家が、クライエントときちんと向き合い、逃げない覚悟で、自分の個性に合った方法論をきちんと身につけてちゃんと使える（応用できる）ようになることが最も重要である。セラピーの方法論は、テニスにたとえれば素振りである。相手の球質に合わせて柔軟に対応する力を身につけなければ、どんな方法論も使いこなすことはできない。クライエントの前で素振りをしているだけでは、セラピーにはならないのである。

　どの方法論をとるにしても、第1章で述べたことを知っていることは、それぞれの方法論を有効に活用するために役立つことだろう。感情制御の発達のためには、自身のネガティヴモードを切り捨てるのではなく、自己に統合

できるようになることが必要だという点である。たとえば、認知行動療法においてネガティヴ感情のコントロールを指導しようというときに、ネガティヴモードを「ないほうがいいもの」として誘導するのか、「あって当たり前のもの」として誘導するのかによって、まったく異なる展開になる。つまり、「泣かないとき」にほめるのか、「泣けたとき」にほめるのかという違いを生む。問題の外在化技法として知られる「いらいら虫」の場合も、「いらいら虫を退治しよう」と言うのか、「いらいら虫のお家を作ろう」と言うのかによって、まったく違う展開になる。当然のことながら、「いらいら虫のお家を作ろう」と言われれば、自分の中の「いらいら」が大事なものであり、あってよいものであるということが子どもに伝わるだろう。つまり、子どもの感情の育ちに関する本質を押さえておくことが、どの方法論を使ううえでも前提として重要なのである。

児童精神科医からの一言⑨
DSM-5やICD-10などの「診断基準」と精神科医の「診断」

　「診断基準」として代表的なものにはDSM-5やICD-10などがあり、現在、これらは世界的に広く使用されている。これらの「診断基準」が有名になったことで、精神科医による「診断」とDSM-5やICD-10などの「診断基準にあてはめること」とが、あたかも同一のことであるかのように誤解している方は多いのではないだろうか？

　そもそも、なぜ「診断基準」が必要とされたのか？　医学の向上のため、きちんとしたエビデンスを残すためには、対象群の条件を一定にすることが必要であり、世界共通の基準において同一の疾患であることを前提にしたうえでの研究成果を示す必要がある。そのために、あいまいさを排除した診断基準が必要なのであり、この基準に基づくデータは、疾病の発症率（疫学）などの算出や統計においても使用されている。つまり、データをとってエビデンスを示すという研究の領域においては、「診断基準」を満たす患者さんのデータでそろえるということはきわめて重要なことなのである。

　しかしながら、精神科医による「診断」と「診断基準にあてはめること」を同一のことと考えてしまうことには大きな危険があると言える。精神医学は、他の医学領域とははっきりとした違いがある。心の問題に関することは、診察と検査結果からすぐに診断することができない場合も多く、その後の経過を診て、ようやく診断にいたるという場合も多いのである。特に子どもの場合には、そのときの年齢、発達の段階、生活環境（親との関わり、学校での状況）などが大きく影響するので、「診断」よりも「状態像」で表現することしかできないことも多いのが現状である。にもかかわらず、「診断基準にあてはめて」診断名をつけてしまうと、さまざまな弊害が起こることにもなる。

　患者さんの症状を項目にあてはめていくと、「〇〇障害」「〇〇症」という診断が導かれるが、そこには、患者さんの診断に必要な「時間的経過」や「生活環境」や「文化の影響」が加味されていない。DSM-5やICD-10は現在症的診断であり、その後の時間的経過の中での変化は吟味されないのである。

発達障害を例にあげよう。子どもはまさに発達途上にあり、生活環境の影響を受ける傾向がきわめて強い。だから、時間的経過（時間軸）を十分に予想しながら診断することが求められるのである。小学校に入学直後におちつかない状態を示したとしても、次第に少しずつおちつき、学校生活が送れるようになる可能性がある場合や、生活環境（親との関わり、学校での状況など）を調整することで安定する場合には、DSM-5やICD-10などによる現在症的診断よりは、「状態像」をあげるにとどめ、その子どもの経過を診ながら、最終的に診断をすることが必要なのである。そうすることが、現状においてあまりにも安易に発達障害とラベリングされる多くの子どもたちを救うのである。精神科医の診断は、将来的経過の予測も入る診断なのである。2013年にDSMが改訂され、DSM-5となったが、さらに将来的経過が重視されない傾向があるように思われる。

〔鈴木廣子〕

児童精神科医からの一言⑩
子どもの診断で誤診が多いのはなぜか

　ところで、この診断基準にあてはめる形のDSM-5やICD-10を使用するためには、当然のことながら、精神医学の知識が必要である。精神医学は、「精神医学書」の中で、総論（歴史、医学心理学、神経学、性格学、精神症状学、診察方法や検査、治療概論などなど）と各論（疾病学）から構成されている。たとえ、精神科医がDSM-5やICD-10などの診断基準に精通していても、総論、とりわけ「精神症状学」をしっかり習得していないと、患者さんが表している症状を診断基準に記載されている症状に正確にあてはめることができないのである。残念ながら、「精神症状学」に弱い精神科医がいることを認めざるをえない現状がある。そのために、子どもの場合は特に、医師によって診断も投薬の種類もまったく異なるということが頻繁に生じるのである。

　たとえば、幻覚という症状の可能性がある場合、精神科医は患者さんの意識レベルを確認し、脳の器質疾患の有無、他の身体疾患（特に循環器疾患や呼吸器疾患などの開胸手術後、発熱などの感染症）の有無をチェックし、さらに幻覚の症状を詳しく聴取することで、錯覚や偽幻覚との違いを正確に吟味して、はじめて幻覚の症状と認識する。その際に、幻覚という症状を同定するための基本的な技術は、精神科医が必携する「精神医学書」を習得し、臨床経験を積むことで身につく。DSM-5やICD-10などの診断基準に精通することで、それができるようになるものではないのである。

　精神科医は患者さんに対して、誘導的問診にならないように十分に注意をして、できる限り患者さんが自発的に表した言葉や表情、行動から、そして一緒に暮らしている家族の話から症状を把握することが重要である。特に子どもの場合は、自分に起こっているさまざまな状態を言葉で表現することが困難な場合もあるし、不安や恐怖から表現できない場合も想定して診察にあたる必要がある。また、子どもは被暗示性が高いので、その子どもの生活環境の把握もきわめて重要である。具体的にどのような生活をしているのか？　何をして遊んでいるのか？　保育園・幼稚園、小学校や中学校で何が流行しているのか？　オカルト的なものに興

味を示す年齢の子ども（小学校中学年から中学生まで）の場合には、仲間の言動やメディアや漫画の影響で幻覚様症状を訴える場合もある。幻覚という症状は、簡単な説明においては数行で終わるが、この判断をするためには多くの精神医学的知識が必要とされ、幻覚を呈する可能性のあるあらゆる疾患について吟味し、各論（疾病学）に進んで、はじめて診断となるのである。

さらに、子どもを診察し、診断するには、子どもの発達神経学および発達心理学の知識と、愛着をテーマとした乳幼児精神医学、児童精神医学、思春期青年期精神医学の知識が不可欠である。内科医が子どもの診察や診断ができないように、成人の患者さんを日常診察している精神科医には、子どもの診察、診断は困難である。たとえば、思春期の子ども独特の目まぐるしく変化する気分、衝動のコントロールの下手さ、経験不足から生じる短絡的な思考や行動、強い警戒感や直感的に抵抗する拒絶感、非常に強い劣等感や被害感、逆に根拠のない万能感、解離などは、成人を日常的に診療している精神科医が診察すると、重い精神病（統合失調症、大うつ病、双極性障害）に思えてくるのである。そうして薬物を投与されて、副作用から興奮や抑うつ、おちつかなさが生じると、薬物が追加される傾向がある。そのような子どもたちの薬物を安全に減量して中止すると、何ら問題のない、そして思春期を懸命に生きている子どもたちに戻るのである。

日本でも小児科医が減少しているように、一般精神科医は増えているが、診察に時間がかかり、家族や環境調整が重要な児童精神科医は残念ながら少ないのが現状で、特に地方はより深刻である。

（鈴木廣子）

児童精神科医からの一言⑪
カルテに記載される診断名と医療保険制度

　最後に、カルテに記載される診断名と医療保険制度について解説を加えておく。

　日本は皆保険制度の中で、保険支払い分と自己負担分に医療費が分かれている。保険支払い分の請求は、レセプトといわれる書類に、投薬した薬物名や検査項目、指導料、精神療法、作業療法などを書き、最後にその投薬や検査などが必要とされた診断名を書き、整合性があると判断されると、請求額が各保険団体から医療側に支払われる。しかし、その診断名と投薬や検査に整合性がなければ支払われない。それぞれの薬物には保険上認められた適応症がある。また、検査も回数も制限があり、他の項目についても適応症があり、保険団体はそれらをすべてチェックしている。保険団体から診断名と投薬や検査などの整合性がないと判断されると、その費用は医療側の自己負担（損失）となるのである。

　そのために、医師から説明を受けた「診断」と保険レセプト上の「診断名」が異なる場合がある。この保険レセプト上の「診断名」がカルテの最初に記載されている。医師が患者さんに抗不安薬を投薬したとしたら、保険レセプト（カルテの表表紙）には「不安障害」と書かれることもあるし、抗精神病薬を投与すると、その薬物の適応症が「統合失調症」であれば、「統合失調症」と書かれることもありうるのである。精神科では以前から、患者さんが統合失調症でなくても、抗精神病薬を幻覚や興奮、強い不安などに投与することがあり、その場合には、保険レセプト上に但し書きを添えていた。抗不安薬も同様で、不安を訴える場合に、統合失調症の患者さんに投与することもある。

　規模の大きな総合病院では、保険団体からの医療費の支払いが削減されないように二重、三重にチェックしているが、中規模・小規模の医療機関では数年前までは、投薬された薬物の適応症から医療事務員が書き出し、医師がチェックすることが多く、チェック漏れからカルテにそのまま薬物の適応症が「診断名」として書かれたこともあったのである。

　近年、電子カルテが診療現場で使用されている。この電子カルテには、あらかじめICD-10がソフトに組み込ま

れているので、電子カルテ上に投薬内容、検査項目、各種療法の指示、精神療法や慢性疾患の指導料などを入力し、医師がICD-10の診断名から選択し、電子カルテ上の診断名が確定するシステムになっている。検査の結果が出る前に、医師は患者さんの訴えや触診、視診、経過などから投薬や検査を決めて、とりあえず治療にも入る。この状況は、確定診断ではなくて、「暫定診断」であり、「○○症の疑い」で次回の受診をうながし、その後の経過や検査結果で「確定診断」に到達する。この「暫定診断」は、短くて2週間から1ヵ月の期間は問題とされないが、その期間を過ぎると、「○○症の疑い」が消えて、「○○症」となる仕組みになっている。

　精神科は、他の診療科に比べて、確定診断にいたるまでに時間が必要となる事例が非常に多い。厳密な診断名を電子カルテに記載するのであれば、精神科医がすべてに詳細なコメントを書き、それを保険団体が妥当性ありとすれば、保険団体からの支払いが医療側にあることになる。しかし、その電子カルテに記載される量が多くなれば、コメントが抜けて提出されることも少なくなく、「○○症」が電子カルテ上の診断名となっていることがある。その診断名を患者さんや家族が目にすることがあり、医師から直接説明を受けた診断名と異なることも現実に多いのである。患者さんや家族は、主治医から疾患とその治療法について詳細な説明を十分に受けて、矛盾する情報を目にしたら、さらに説明を求めることが重要である。

　　　　　　　　　　　　（鈴木廣子）

第6章

事例を通して
―― 親の苦悩と覚悟と愛情、そして子の成長

　第6章では、第1～5章で述べてきたことを、事例を通して具体的に述べる。類似の事例を2事例ずつ示し、それらの比較を通して、見立てと治療援助の視点を明確化することを試みたい。これらの事例は、守秘とわかりやすさを優先する観点から創作したものである。

1．学校できれて暴れてしまう小学生の2事例

　教育相談の領域において、「親の前でよい子なのに学校できれる子」という状態像を主訴として相談にあがってくるケースは多い。ここでは、親の関わりに大きな違いのある2事例（小学1年生ゆうた、小学3年生たくみ）をあげて、ケースの見立てと援助の実際を紹介する。

(1) **小学1年生ゆうたの事例**（父・母・ゆうたの3人家族）
【初回面接と見立て】
　小学1年生の7月ころから、担任からの電話が増え、母は他児の家に電話をかけて謝罪をしてほしいと求められることが多くなった。ゆうたが、学校

で思いどおりにならない場面などできれてパニックになり、周囲の子どもたちに危害を加えてしまい、その状態は「だんだんひどくなっている」というのである。家ではそのようなことはないので、母は当初は担任の話を半信半疑に思っていた。しかし、こっそり学校の様子を見に行ったところ、パニックになったときの様子が尋常ではないこと、学校ではまったくおちつきがなく、険しい顔をしており、いつものゆうたの姿とあまりにも違うことに驚いたという。母は、この状況をどのように理解すればよいのか、必死に本を探した。そして、拙著『怒りをコントロールできない子の理解と援助』を読まれ、「確かに思いあたることがある」ということで相談に訪れた。

　ゆうたは、にこにこして「天使のように」かわいい子どもで、私の問いかけにも一所懸命に答え、話しはじめると止まらないほどに、教室での出来事や担任の先生と話した内容について事細かに説明をしてくれた。見るからに、言語的な発達が優れていることが把握できた。

　母が思いあたることとして語ったのは、ゆうたの乳幼児期に関することであった。現在は親子3人で暮らしているが、結婚当初は父方祖父母と同居していた。当時、夫（父）が正規雇用ではなかったため、経済的な理由から同居せざるをえない状況であった。しかし、父自身が自分の父親（祖父）との間に葛藤を抱えていた。祖父は正規雇用ではない息子（父）を否定的になじることもあり、祖父と父との間で殴り合いになるようなことさえあったという。母はゆうたの出産のために仕事をやめており、不快な思いをしながら祖父母との同居に耐えていたという。そんなストレスフルな生活の中で、ゆうたが泣くと、祖父母に迷惑をかけるという思い、そして泣いていることに干渉されたくないという思いから、母自身も常にゆうたを泣かせないように先まわりし、泣いたときには叱って泣きやませるという関わりになっていたと振り返った。父は、家では常にいらいらしていた。

　ゆうたが3歳のとき、泣いて自己主張するわが子にいらだち、父が「泣くな」と言って包丁を向けたことがあった。母が「いくらなんでもそれはダメ」と間に入り、ハッと気づいた父はあわてて包丁をしまったものの、その

ときのゆうたの凍りついた表情を忘れられないと母は語った。そして気づけば、家で泣くことはまったくない子になっていたのである。

ゆうたが5歳になった年、父が正規雇用となり社宅を利用できるようになったことで、祖父母と別居することができたという。3人での暮らしになってからは、本当に穏やかな生活をしてきたということだった。

図25がゆうたの事例の見立てを図にしたものである。以下、図25の①～⑦に沿って見立てを明らかにしていく。

ゆうたの乳幼児期の家族内葛藤の状況からは、ゆうたが解離様式による適応を身につけた理由は明らかであった（図25-②）。しかし、見立てにおいて着目しなければならない点は、その環境は現在はすでに改善されているという点である（図25-⑦）。

母は、なんとかゆうたを治してやりたいという思いで、すでにゆうたの悲しみをきちんと受け止めることができる関係性にあった。父もまた、自分があのとき包丁を向けてしまったことが原因なのだろうかと苦しんでいるとい

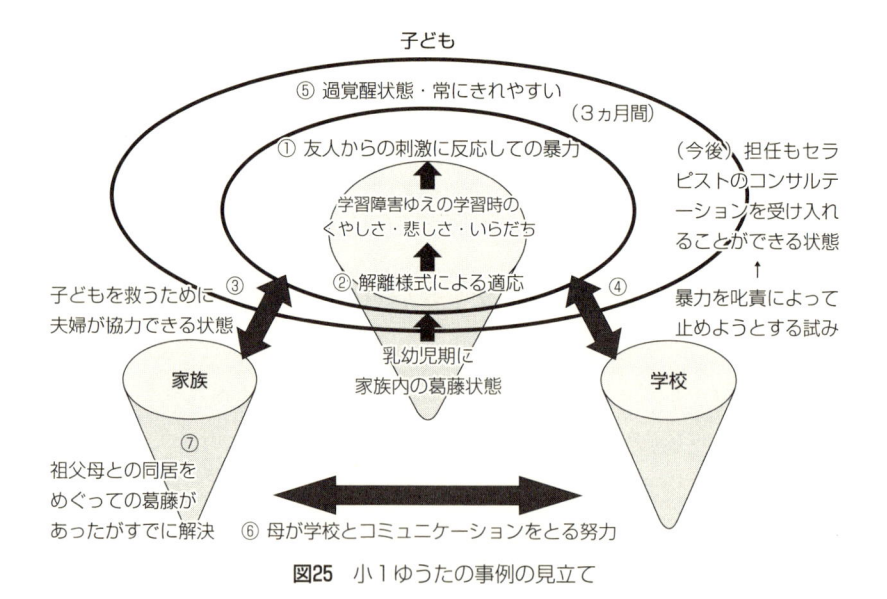

子ども

⑤ 過覚醒状態・常にきれやすい　　　（3ヵ月間）

① 友人からの刺激に反応しての暴力

学習障害ゆえの学習時の
くやしさ・悲しさ・いらだち

② 解離様式による適応

（今後）担任もセラピストのコンサルテーションを受け入れることができる状態

③ 子どもを救うために夫婦が協力できる状態

家族

乳幼児期に
家族内の葛藤状態

④ 暴力を叱責によって止めようとする試み

学校

⑦ 祖父母との同居をめぐっての葛藤があったがすでに解決

⑥ 母が学校とコミュニケーションをとる努力

図25 小1ゆうたの事例の見立て

うことで、母とそのことを話題にできる関係性にあった。つまり、来談した時点で、両親ともに過去の問題と向き合う準備ができていた（図25-③）。このことから、現在の関係性においては問題増幅は改善されていることがわかり、現在の関わりを肯定し、親が親としての自信を取り戻すことができるようエンパワメントすることが重要だという判断が導かれる。

　学校においては、学級の中で叱られることが多くなっている状況で、そのことが悪循環を招いていた。「だんだんひどくなって」顔つきが険しい状態になっているのは、本能的に身を守るために過覚醒状態に陥っている（図25-⑤）からであり、身体の安心・安全を早急に取り戻させる必要がある。しかし、問題増幅がはじまってまだ3ヵ月であり、母が担任と良好なコミュニケーションをとれていることから、今後は担任も私のアドバイスを受け入れてくれる状態にあった（図25-④）。

　このように、ここまでの成長発達システムには「解離様式による適応（図25-②）」という防衛を使わざるをえなかった事情があったものの、現状における問題増幅システムの改善は容易であることがわかった。ゆえに、すぐにゆうた自身の問題の心理治療へと入っていくことができる。

　ゆうたの知能検査（WISC-Ⅳ）の結果は、次のとおりである。全検査IQ＝101で標準域であるものの、言語理解指標（聴覚的な認知能力や言語的能力）＝115、知覚統合指標（視覚的な認知能力や空間的な把握力）＝100、ワーキングメモリ指標（聴覚的な短期記憶や注意集中）＝102、処理速度指標（視覚的な短期記憶や手と目の協応）＝79であった。この結果からは、明らかに学級での活動の中で、ゆうたが必然的につらさを抱えている状況にあることがわかる。つまり、言語的なレベルではすばやくわかっているのに、黒板を写す（見たものを一時的に記憶して書く）などの作業となると、おそらくクラスで一番できないくらいの状況にあるということだ。教室の中では常にいらだち、くやしさ、劣等感にさいなまれていると推測できる。このような個人内の認知構造における能力の差が著しい場合、学習障害（LD）の問題を抱えているということになる。

学習障害の子どもたちは、認知能力のばらつきが原因で、学級において集団で学習をする際に、必然的にさまざまなつらさを抱える。しかしゆうたは、その生い立ちにおいて、解離様式で適応することを身につけていたので、学級の中で生じる不快感情はその方略を用いて自動的に処理する習慣がついてしまっていた（図25-②）。そのため、不快感情は圧縮されて解離障壁の向こう側に閉じこめられ、その結果、爆発してしまう（図25-①）状況に陥っていたのだろうと考えられた。

　教室の中できれるということは、(1)過去からの育ちの中で獲得されてきた不適切な不快感情処理方法（＝解離様式による適応）と、(2)教室で「今」不快感情が喚起される状態にあるということとがそろうことによって生じる。したがって、心理治療においては、この2つの側面に対応することが必要になる。すなわち、ゆうたに必要な心理治療は、(a)感情制御の力の育てなおし（＝幼いころからの環境の中で身につけてきた「解離様式による適応」方略を崩すこと）。そして、(b)能力特性への支援（＝手と目の協応の能力を開発することにより、黒板を写すなどの動作の困難感を軽くしてやること）である。

【ゆうたへの援助】
　(a)感情制御の力の育てなおし
　ゆうた自身も、教室でカッとなって暴力をふるってしまうことを治したいと願っていた。そこで、「大事ないやな気持ち」をしまっておく箱の絵を書くことをうながすと、喜んで取り組んだ。想像力豊かに描かれたその箱にはいろいろなスイッチがついていて、いやな気持ちが暴走しないような装置になっていると説明してくれた。このように「大事ないやな気持ち」をしまう箱を描くことを通して、「いやな気持ちは大事なもので、あってよいものなのだ」と伝えることは、EMDRセラピーを行うための準備作業となる。
　私は、幼い年齢の子どもの場合、母との関係が良好であれば、母子同席でEMDRセラピーを行う。母がそばにいるということ自体が、子どもにとっ

ての「安全な場」であるからである。母がいる状態で「いやな気持ちも大事な気持ち」ということを母とも共有したうえで、いやな感情を引き起こした出来事について話を進めながら、両側性刺激を与えていく。ゆうたが学校でトラブルを起こしたときの話を治療者と母がしているところにいるということは、ゆうたにとって不快感情を引き起こすシチュエーションである。あえてその状況を作ることで、その話題によって喚起された不快感情が「今ここ」の「安全」なコンテクストの中で再処理されることになる。幼児であれば、母が抱っこした状態で行う。不快感情の再処理がスムーズに進むためには、不快感情は「大事な気持ち」であるということが、子ども本人にも母にも共有されていることが必須である。子どもの場合、その場では明確にEMDRセラピーによる再処理過程を確認できないことも多いが、それはまったく問題ではない。帰宅後の子どもの変化を次回のセッションで尋ねることにより、その反応を確認することができる。

　ゆうたの場合、セラピーのあと1ヵ月間の大きな変化は、「家で泣くようになった」ということだった。ちょっと転んだり、眠かったり、暑かったりした場面で、2歳児のようにぐずり、泣き、母に甘えるようになった。母はその変化を「待ってました！」とばかりに受け止めることができた。幼児期に我慢して出さなかった感情を、今、出せるようになったことを、母はまっすぐに喜ぶことができた。このように一次解離の封印が解かれると、幼い形の感情表出がなされるのが一般的である。その状態をきちんと受け止められることによって、しだいに年齢相応に成長していくのである。

　初回面接時、ゆうたは、「3歳のときに父が包丁を向けた」ことについても「覚えているよ」とあっけらかんと話していたのだが、EMDRセラピーにより泣けるようになって以後は、「その話はしたくないんだよね」と顔をゆがめた。つまり、初回面接時は一次解離反応によって感情がともなわない状態にあったので、あっけらかんと話すことができたが、EMDRセラピー後は、解離反応が解除されたために、それは「思い出すとつらい記憶」になったということである。「つらい話をしたくない」と言えるということは、

解離せずにつらい気持ちをそのままに抱えているということを意味しており、それはよい変化ととらえることができた。なぜなら、現在、父との関係は良好であり、この記憶が思い出したくない記憶であるということは、きわめて自然なことだからである。「今」大切なことは、父に「現実の場面で」受け入れられる経験を重ねることであると母に伝えた。両親はその意味を汲み取り、ゆうたが幼い子どものようにぐずっているときに、父は積極的に抱き、父との関係の中で不快をおさめることができる関係性を回復していった。このケースでは、新しいよい関係により、過去の記憶はおのずと書き換えられると判断した。

家族の中でのこのような変化と並行して、学校では、険しい顔つきは見られなくなり、暴力にいたることもなくなっていった。自分が抱えている不快感情を親から大切にされることで、身体の安心感・安全感を取り戻し、過覚醒状態のスイッチが入らなくなったのだと考えられる。

このように、親が子どもの不快感情とそれにともなう身体感覚を承認することができるようになると、子どもはおのずと一次解離する必要がなくなり、不快感情をそのままに抱えられる身体性を回復する。EMDRセラピーは、そのスピードを格段に速くするという点で優れているが、EMDRを使わない場合においても、この援助の基本の流れは共通であり、時間の流れとともに着実に変化は生じる。

(b)能力特性への支援

ゆうたは、手と目の協応において著しい困難を抱えていた。言語的な理解力などの能力が高いぶん、その能力差はゆうたにくやしさと悲しみといらだちを引き起こしていた。ブレインジム (Dennison, P.E., 2002 ; 2006) のエクササイズ「レイジーエイト」は、自分の親指で横に∞を書き、その指先を目で追うという目の運動である。このエクササイズは、まさに手と目の協応をトレーニングするのに適している。ゆうたはこれがまったくできなかった。この状態で黒板の文字を写すという動作は、とてつもない苦労だと思われる。自分の指を目で追うことが困難なので、私の指を目で追うことを試したが、そ

もそも目を動かすということがまったくできなかった。

　母は、子どもの興味を引き出すために、お菓子で宙に∞を書き、それを目で追わせ、1周したら口にお菓子を入れるという遊びを通して、毎日楽しみながら練習をした。その他のクロスクロール（左右の手足を交互にクロスさせる運動）などのエクササイズも合わせて行い、1ヵ月後に来談したときには、目がきれいに∞を描くようになっていた。そしてしだいに、自分の指で書いた∞も目で追えるようになっていった。つまり、ブレインジムのエクササイズは、練習すればできるようになる（ローギア→ハイギア）ものであり、練習によって身体の動きがスムーズになる＝脳の情報処理プロセス（辺縁系・脳幹部と前頭前野との統合や、左脳と右脳の統合など）が開発されるものなのである。

　目がスムーズに動くようになると、勉強することが苦痛ではなくなるので、本を読んだり、文字を書いたりすることが自然と楽しくなって、健全な知的好奇心が開発されていくことになる。

　また担任も、ゆうたの能力特性をよく理解し、教室内で適切なサポートを行い、ゆうたが学習面で感じているくやしさや悲しみへのサポートを行うことができるようになった。

　こうして、半年後には、やんちゃな側面はあるものの、ゆうたは「問題児」ではなくなった。また、初回面接のときの「天使のような」印象はなくなり、「ふつう」の子どもに見えるようになった。解離様式で適応している幼い子どもは、完璧なよい子モードのとき、「お人形のように」あるいは「天使のように」愛らしく見えることがよくある。治ると「ふつう」の子どもになるということをよく経験する。感情と身体のつながりは容貌を生み出しているのである。「天使」ではなくなるが、「ふつう」の子は「険しい顔をしたモンスター」にもならないのである。

(2) **小学3年生たくみの事例**（父・母・たくみの3人家族）

【初回面接と見立て】

　たくみの母が来談したときには、学校できれて暴力をふるう状態がすでに2年以上継続している状態だった。小学1年生の6月に「転んだところを笑われたのがいやだった」という場面で教室を飛び出して以来、9月には手に負えない状態になり、10月には特別支援学級（固定級）に移るように言われたということであった。しかし、特別支援学級にいても、ささいなことできれて暴れてしまうことは継続しており、他児の安全が守れないということで、精神科への通院を進められ、投薬（抗精神病薬など）で抑えるという状態であった。

　たくみの知能検査（WISC-Ⅲ）の結果は、全検査IQ＝92であり、言語性IQ＝90、動作性IQ＝94で、下位検査（言語理解・知覚統合・注意記憶・処理速度）もみな90代でばらつきはなかった。普通学級の中で平均より少し低めの能力であるとはいえ、普通学級でやっていくべき子どもであった。にもかかわらず、感情制御困難を理由に、特別支援学級（固定級）へ学籍を移すことになったのである。

　特別支援学級でも暴力をふるうたくみに対して、両親は毎日「暴力をふるってはいけない」ことをこんこんと言って聞かせていた。たくみが「だって、あいつらはばかだ」と言うと、両親は「障害のある子のことをそんなふうに言ってはいけない」と叱った。しかし、本当にたくみが言いたかったことは「ここはぼくの居場所ではない」ということだっただろう。子どもが自分の持って生まれた能力にそぐわない環境で生きることを強いられたとき、それを不快に感じることは本能的な叫びなのだが、その思いを理解されることはなかった。普通学級の中で「暴力」により不適応とみなされたたくみは、特別支援学級の中で「よい子」になることを求められ、それさえできないのは、たくみ自身の問題・努力不足とみなされていったのである。

　図26がたくみの事例の見立てを図にしたものである。小学1年生の6月に「転んだところを笑われたのがいや」で教室から飛び出したことが最初の問

図26 中の文字:

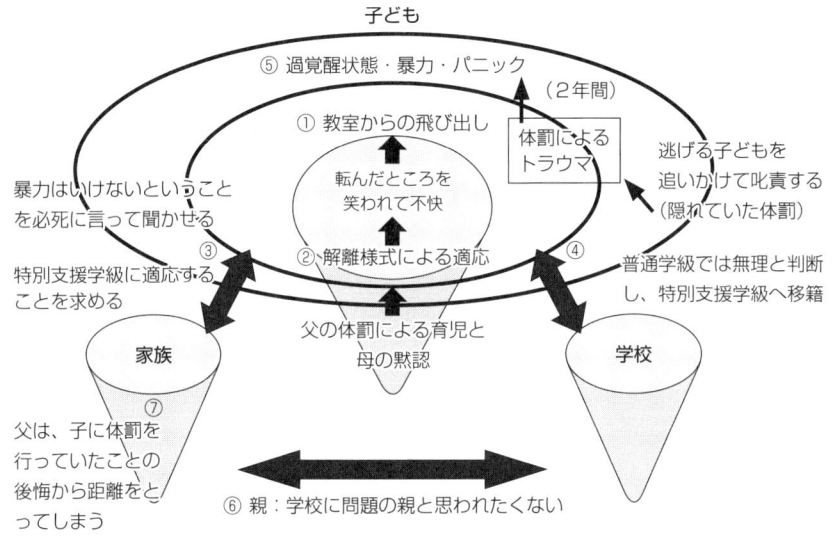

子ども
⑤ 過覚醒状態・暴力・パニック　（2年間）
① 教室からの飛び出し
体罰によるトラウマ
転んだところを笑われて不快
② 解離様式による適応
暴力はいけないということを必死に言って聞かせる
特別支援学級に適応することを求める
逃げる子どもを追いかけて叱責する（隠れていた体罰）
③　　　　　　　　　　　④
普通学級では無理と判断し、特別支援学級へ移籍
家族
父の体罰による育児と母の黙認
学校
⑦ 父は、子に体罰を行っていたことの後悔から距離をとってしまう
⑥ 親：学校に問題の親と思われたくない

図26　小3たくみの事例の見立て

題である（図26-①）。その後の関わりの中でどんどん問題が増幅し、過覚醒状態できれやすい状態が2年間も継続していた（図26-⑤）。教室で不安になると、その不安を抱えられないために教室を飛び出す、追いかけられて叱られる、パニックになって暴れる、暴れたことについての叱責を受ける、そういう関わりの中で（この時点で介助員による体罰もあったことがのちに判明）、学校では過覚醒状態に陥り、暴力が止まらなくなっていったのである（図26-⑤）。そしてこのケースでは、この問題増幅を食い止めるために、たくみを普通学級から排除するという形がとられ、たくみは特別支援学級へ移籍となったのだが、そのことがさらに問題増幅を引き起こすことになった（図26-④）。なぜなら、そこはIQ＝92のたくみが本来いるべき場所ではなく、そのことの違和感を訴えるために、特別支援学級のクラスメイトに暴言を吐き、そしてまた叱られる（図26-③）中で、たくみ自身の本能的・生理的な訴えが否認されていったからである。

　母は看護師であり、3交代勤務で夜勤もあった。幼児期、母の不在時に

第6章　事例を通して

は、父が育児を担当していた。しかし、父は子どもをどう育ててよいか困惑しており、たくみが少しでもぐずれば、体罰を与えて統制せざるをえなかったという（図26-⑦）。母はそのことに気づいていたが、体罰をとがめれば育児を担当してくれなくなるのではないかという不安から、黙認してきたという（図26-⑦）。また、これまでは保育園でも家庭でも特に感情制御に困難を示すことは一度もなく、育ちの心配をしたことがなかったという。

　このような生い立ちの中でたくみは「解離様式による適応」を身につけ（図26-②）、不快感情を抱えることができない状態でいたため、「転んだところを笑われた」という恥ずかしさとくやしさでいっぱいになる場面で、パニックになり、教室を飛び出したのであろう（図26-①）。

　母は、父の体罰を黙認していたことへの罪悪感と後悔に打ちひしがれていた。父の体罰の影響については、これまでの2年の間に何度も話し合い、今では体罰を行うことはなくなったが、父自身も罪悪感と後悔を抱えており、そのために子どもには一切関わらなくなっているということだった（図26-③⑦）。

【家族への援助】

　私が「たくみは特別支援学級にいること自体がつらいのではないか。そこは自分の居場所ではないと必死に訴えているのではないか。特別支援学級にいることをいやだと思うことは当然の気持ちなのではないか」と母に伝えると、母は混乱して泣き崩れた。母はもちろん、無意識的にそのことには気づいていたのである。しかし、そのことを認識することは、母自身の罪悪感にふれることであった。父の体罰を黙認してきたこと、事態の収束だけを求めて特別支援学級に入れることに同意してしまったこと、そして今もその特別支援学級に適応するよう子どもに求めていること、症状だけがおさまればよいという思いで精神科から処方される強い薬に疑問を感じながらも飲ませ続けていること……母のこれらの行動はすべて、ネガティヴ感情を安全に抱えることができない母自身の Affect Phobia（Leeds, A., 2013）の状態に由来して

いる行動なのである。自分自身が怒りや悲しみや不安を感じたときに、その感情をないことにすることを最優先してしまう心性である。

　私は、母が自身のネガティヴ感情と向き合うことができないと、たくみのネガティヴ感情を抱える役割をとることができないと判断し、母自身に対するEMDRセラピーを提案した。母は、小学生のときに父親を交通事故で亡くしていた。実父の死後、事故をめぐっての保障問題などでもめ、実母が疲弊し、うつ病になり、中学生のころは長女である母が家事を担っていたという。そのような生い立ちの中にあって、つらい感情を封印し、ないことにする解離様式の防衛に助けられて生きてきたのである。母へのEMDRセラピーを通して、母は当時のつらかった気持ちを当たり前のものとして受け入れ、そのネガティヴ感情はあってよいものなのだと認めることができるように変化した。

　母は自身の生い立ちを振り返るとともに、父（夫）の生い立ちにも目を向けた。夫は実父から体罰を受けて育ち、実母に助けてもらえなかったという思いを抱えていた。母は夫の子ども時代について、夫から話を聞き、どんなにつらい思いをしていたのか、怒りを感じることは当然のことであると承認する会話を重ねていった。しだいに、父もたくみと遊ぶ時間を作るなどの努力をして、関わりを増やすようになっていった。

　上記のプロセスを通して、両親はたくみの不快感情を承認できるようになり、それにより、たくみは「親の顔を見ると安心する」ようになり、家では穏やかに過ごす時間も増えていった。

【たくみへの援助】
　たくみの傷つきの記憶に焦点をあててEMDRセラピーを行ったところ、実は介助員から体罰を受けていたということが明らかになった。小学1年生のときの最初のエピソード、「転んだところを笑われたのがいやだった」記憶に焦点をあてていくと、そのときに逃げて隠れていたところを介助員の先生に見つかり、教室に戻ることに抵抗したたくみの頬を介助員の先生が殴っ

たということであった。「教室を飛び出して逃げまわった自分が悪い」と思っていたたくみは、殴られたことを不当だと認識することなどできず、ただただパニックの中で恐怖を感じていたのである。この出来事のあと、短期間で悪化して手に負えない状態になった理由がようやく明確になった。不安でパニックになっているときに殴られた子は、恐怖からさらに過覚醒になり、自分の身を守るために暴力的なモードに入ってしまう。たくみは、もともと父の体罰により解離様式による適応を獲得していたので、このときの恐怖も容易に自動的に解離反応で処理してしまったのだろう。そのため、何があったのか説明ができない状態が続くのである。たくみが小学1年生のとき、どんな思いをしていたのかを知り、両親は涙を流してたくみを抱きしめた。

　このような経緯を経て、いくらか改善したものの、カッとなったときに激しく暴力的になることは完全にはなくならないままであった。夏休みの旅行中、2日間薬を飲み忘れることがあった際、形相が変わり、感情の混乱がおさまらない状態に陥るということが起こった。2日の飲み忘れによりそれほどの反応が出るということは、薬がかなりの影響力を与えていることを意味している。看護師の母は、そこでハッと気づいた。きちんと問題と向き合えるようになった母は、子どもに対する抗精神病薬の副作用などを必死に調べ、薬をやめなければダメだと理解したのである。

　母は主治医におそるおそる減薬を頼んだ。しかし、主治医は「この子は一生薬が必要な子だよ」「リスパダールで抑えているから勉強ができないのも仕方がない」と言った。母は「そんなつもりで通院していたのではない」という思いでショックを受け、減薬してくれる他の医師を探した。そして、時間をかけて投薬のない状態にもっていくことができた。

　小学4年生からは、少しずつ普通学級での適応を試みていたが、薬が完全に抜けて以降、感情制御できず暴力にいたる問題は見られなくなり、普通学級で5年生を開始することができた。

(3) 2事例の比較から

　ゆうたの事例とたくみの事例の大きな違いは、親自身がAffect Phobia（Leeds, A., 2013）の状態にあったかどうかという点と、薬物治療への依存があったかどうかという点である。2事例ともその幼少期において、子どもが「解離様式による適応」状態を抱えてしまう環境にあった。その結果、小学校に入ってから子どもの心理的問題が表出したとき、親自身がとてつもなくつらい状況に陥ることになった。親は、今生じている問題に対処しなければならないことに加え、過去のことについての罪責感にさいなまれると、夫婦の関係もより複雑なものとなってしまう。そのような状況下で、ゆうたの両親は、ゆうたの問題に直面し、親として子どものために尽力するスタンスが最初からできていた。たくみの両親は、問題に直面することができず、表面的に問題が見えない状態になることを優先してしまう状況にあり、そのために薬物治療への依存も生じ、問題がさらに増幅されていた。

　一般的には、ゆうたの親は「よい親」で、たくみの親は「問題の親」という理解をされやすいが、人はみな昔は子どもだったのである。ゆうたの親とたくみの親の違いは、親自身の子ども時代の環境の違いであり、傷つきの深さの反映なのである。親もまた、適切な支援を受けることにより、本来の力が発揮できるようになる。親はみな、子どもを愛しているからである。この2事例をとりあげた理由は、たとえ困難に見えるたくみのような事例であっても、親自身の人生の痛みに共感し、支援していくことにより、親自身が親としての力を発揮することができるようになるということを示すためである。また、すみやかに問題をなかったことにするために安易に薬物治療に依存することの危険性も、たくみの事例から伝えたいところである。たくみの薬物治療については、「児童精神科医からの一言⑫（鈴木廣子氏）」[207頁]で解説されている。

2．「盗み」を主訴とした小学生の2事例

　第5章の「初回面接」の説明［143-144頁参照］でとりあげたふじ子（小学5年生）ととも子（小学4年生）の事例についての詳細を記載する。この2事例は、主訴としてもちこまれた「盗み」の問題はきわめて類似しているものの、事例の見立てはまったく異なるものであった。見立てと方法論の選択に焦点をあてて記載する。

⑴ **小学5年生ふじ子の事例**（父・母・小学3年生と小学2年生の弟・ふじ子の5人家族）
【初回面接と見立て】
　主訴は、友達の家からおもちゃや本などをもってきて自分のものにしてしまうということが2年間続いていること。親のお金をとることもたびたびあるということであった。ふじ子は、「お受験」で入学した有名私立小学校に通っており、成績優秀であった。
　面接室に入ってくるなり、母はふじ子をなじりはじめ、ふじ子への怒りを止められない状態であった。そこで、同席での面接をやめて、まず母から話を聞いた。母はこれまで何十回も、盗みがあるたびに弁償と謝罪に奔走し、もう二度としないという約束をしているにもかかわらず、ふじ子が盗みを繰り返してきた経緯を話した。これまで2年間通っていた教育相談室では、子どもへのプレイセラピーのみで、母自身の話は聞いてもらえなかったということであった。そして、母は自分がふじ子を殺してしまうのではないかという衝動に苦しんでいることを語った。父（夫）はそんな母の様子を見て、「ふじ子の盗癖はお前が原因だ」と言うので、母は夫に怒りを感じ、夫婦の関係はさらに悪化しているということであった。
　ふじ子は、母から叱られることが多くて「弟たちにはやさしいのに自分には厳しい」と話し、おいおいと泣いた。それは、小学校入学後のことだとい

```
                        子ども
        ⑤ 母への怒りの表現として盗みが継続
                              （2年間）
                   ① 盗み        罪障感
   母は盗みへの怒りから、              （トラウマ）
   ふじ子を殺してしまうの  現在の家族の危機に
   ではないかと思うほどの   対するサイン
   衝動           ③  感情制御の育ちは  ④
                      ノーマル
   父は母を問題と認識。       ②
   そのために夫婦間の  家族            学校
   葛藤大          ⑦
   母自身の原家族に
   おける傷つきの記憶
```

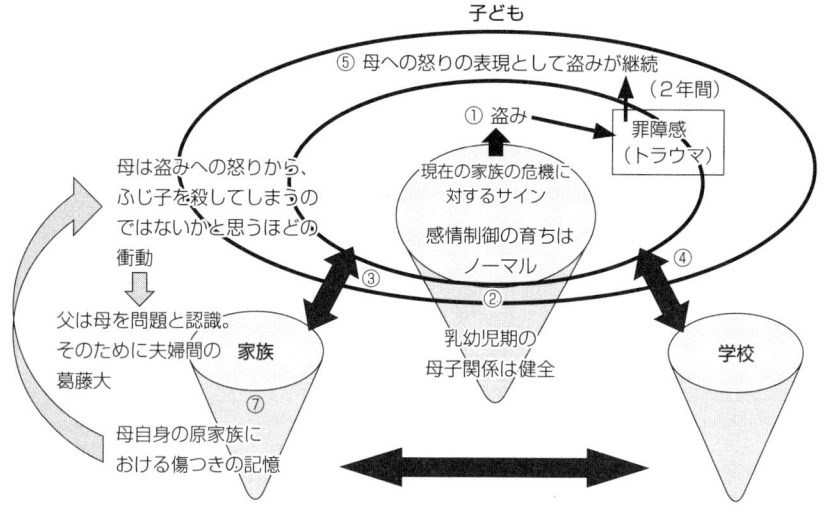

図27　小5ふじ子の事例の見立て

う。そして、友達の家からものをもってきてしまうのは母に叱られていらいらしたときが多く、母にやさしくしてもらっているときには盗ったことはないと話した。そして、父と母がけんかをしているのがいやでたまらない、でも「お母さんには何かつらいことがあるんだと思う」と、ふじ子は涙を流しながら自分の思いを語った。ふじ子は苦しい気持ちを抱えたまま、解離せずに「ここにいること」ができていた。学校での指導について尋ねると、学校の本をもってきてしまったときには注意されたことがあるが、その他のことについては学校には伝えられていないということであった。

　図27がふじ子の事例の見立てを図にしたものである。初回面接で明白だったことは、ふじ子の盗みをめぐって母自身の中に激しい怒りが喚起され、そのためにふじ子との関係が虐待的なものとなり（図27-③）、夫婦関係も悪化しているということであった（図27-⑦）。父は、母の厳しすぎる叱責がふじ子の問題行動の原因であるとみなしていた。それはある意味正しいのだが、そのために母は夫が自分のつらさを理解してくれないことへの怒りを抱え、夫婦関係は深刻な葛藤状態にあり、悪循環となっていたのである。そして、

ふじ子はそのような状況に対する怒りの表現として問題行動を起こしているように思われた（図27-⑤）。

（のちに治療を通して、「盗み」をしてしまったことに対する罪障感がトラウマになり、悪循環をもたらしていたことが明らかになった）

ふじ子が、小学1年生までは母との関係に問題はなかったと語ったことや、ふじ子がきちんと泣きながら自分が困っていることを語れるというその様子から、幼少期に獲得すべき基本的な感情制御の発達はノーマルと判断した（図27-②）。2年前の小学3年生時の最初の盗み（図27-①）は、家族の危機に対するサインとしての問題行動だったのではないかと推測された。学校との間での問題増幅は報告されなかった（図27-④）。

本書では、子どもの感情制御の発達不全とそれにまつわる問題行動をテーマとしているが、ふじ子の事例のように、子どもの問題行動が家族関係に対するSOSのサインとして機能しているという事例も、子どもの問題行動の定番のパターンである。この場合、親が子どもの問題に向き合うことを通して、もともとの家族の問題と直面する機会を得て、家族が救われるという流れになる。ふじ子の事例はこのタイプであった。

【母への援助】

母のニーズは、ふじ子に対する怒りの衝動をなんとかしなければならないということであった。EMDRセラピーを通して、この衝動に焦点をあてていくと、母の傷つきの記憶が明らかになっていった。

母の実父は大学教授であり、母方の親戚は弁護士や医者などが多い家系であった。母自身も幼いころからよい成績をとることを求められて育ち、親戚が集まれば、いとこ同士の成績が比べられるような環境にあった。母は自分がよい成績をとることが実母（祖母）を幸せにすると感じ、実母の笑顔のために一所懸命がんばったという。法学部に進学し、弁護士を目指したこともあったが、商社に就職。そこで夫と出会い、結婚後、妊娠を機に退職。出産して子どもを育てることは楽しく、完璧な母になろうとがんばってきたとい

う。そのため「お受験」に夢中になった。しかし、夫は「学校は公立で十分」と考えており、そのころから夫とのいさかいが増えていった。夫の反対を押し切って「お受験」をし、子どもたち３人を私立に通わせることは、経済的にも厳しいものとなっていた。そのような中でのふじ子の「盗み」は、完璧な子育てを目指してきた母の顔に泥を塗るようなものであった。

　母自身は小学生のころ、実母の笑顔を見たくて、がんばって勉強をし、母が望むようにふるまってきた。それなのに「なぜ、ふじ子は私を喜ばせるふるまいをしないのか」という思いから、怒りがあふれていた。

　EMDRセラピーにより記憶の整理が進んでいくと、母は「お受験」によって「よい私立」に子どもたちを入れたいと思うのも、自分がそもそも実母を喜ばせようとしているからであり、母はいまだに実母の呪縛の中にいたことに気づいていった。その呪縛の背景にあるのは、母自身が幼少期に抱えた「母の期待に応えられなければ愛されないかもしれない」という恐怖であった。その恐怖は、「恐怖だったんだ」と認識されることを通して、「すでに恐れる必要はないもの」として再処理されていった。

　母は、長年にわたって抱えてきた恐怖から解放されると、気負いがなくなり、夫の前で弱い姿を見せることができるようになった。すると、夫は妻を気遣い、励まし、「完璧でなくていい」という形で妻の気持ちを受け止めることができるようになったのである。母の心理治療を行うことにより、夫婦の関係は改善した。

【ふじ子への援助】

　母の変化、夫婦の関係の変化によって、盗みの問題は消失していた。「盗み」が家族システムの危機に対するSOS信号の場合には、家族システムの変化により問題は解決する。ふじ子の問題行動が、母の心理治療へと導き、ふじ子が母を救ったのである。母が実母の笑顔のためにがんばったように、実はふじ子も別の形で、母の笑顔のためにがんばったのである。

　ふじ子が抱えている傷つきをケアするためにEMDRセラピーを行ったと

ころ、ふじこが傷ついていたのは、盗みをしてしまったことに対する罪障感によってであった。EMDRセラピーの中で、これまで抱えてきた悲しみを当然の感情として受け入れるとともに、「もう大丈夫」という自己肯定感を強化していった。

(2) 小学4年生とも子の事例 （父・母・小学2年生の妹・とも子の4人家族）
【初回面接と見立て】

主訴は、友達がもっているかわいいものをいつの間にか自分のものとして使っていたり、万引きをしたり、親のお金をとったりすることが、小学3年生のときからたびたび起こるということ。とも子は成績優秀で、美術や体育の領域においてもたびたび表彰されていた。

両親がそろって相談にやってきた。両親はこれまで、たびたび起こるこの問題に対して、できる限りの対応をして、盗みはいけないことだと教えてきたが、本人にまったく反省の色が見られず、叱られたそばからテレビを見て大笑いをしたり、あっけらかんとしてまた同じことを繰り返すという様子に強いいらだちを感じていた。

問題の最初のエピソードは次のようなものだった。約1年前、小学3年生のとき、仲良し5人のグループで遊ぶことが多かったが、その中で「いじめまわし」が起こっていた。最初、とも子はいじめの加害側で、ひとりの子を仲間はずれにする中心になっていたらしい。そのことが保護者から担任に伝えられ、とも子は担任に注意されたことがあった。そのとき担任は、とも子の表情がなくなり、固まってしまったことに驚いたということであった。その後、このグループの中で、かわいい文具などがなくなるということが起こり、それがとも子の机の中から見つかり、とも子がやっていたことが発覚した。このときは「自分のものと主張して使ってしまっている」様子であったという。同時期、とも子はいじめ被害側になっていた。

両親は「いじめられたからといって、ものを盗っていいわけがない」ととも子に教え、いじめ被害の問題と盗癖の問題は別のものと考えていた。その

後もたびたびそのようなことが起こり、しだいに父の財布からもお金をとったり、旅行先の売店で万引きをしたりと発展していったという。そのたびに、両親は厳しく叱責した。

とも子は、小学3年生のときに仲間はずれがあっていやだったと、にこにこしながら元気に話した。ものを盗ることについては「ちょっと欲しいと思うと盗ってしまっていて、あとで考えると、そんなに欲しいものでもないから、いけないことをしたと思うけど、いつやってしまうかわからないから、お母さんとお父さんに『もうやらない』って約束できなくて、それで困っていると思います」とはきはきと答えた。とも子の様子は、ネガティヴ感情を解離させて自分から遠ざけ、質問されたことに感情をともなわせずに認知面だけで的確に答えることができる状態であった。とも子の語りは、解離状態による盗み行動が起こっていることを表しており、「解離様式による適応」という一次解離の防衛段階を超えて、二次解離の状態にあることが想定された。

図28がとも子の事例の見立てを図にしたものである。とも子の語りから、

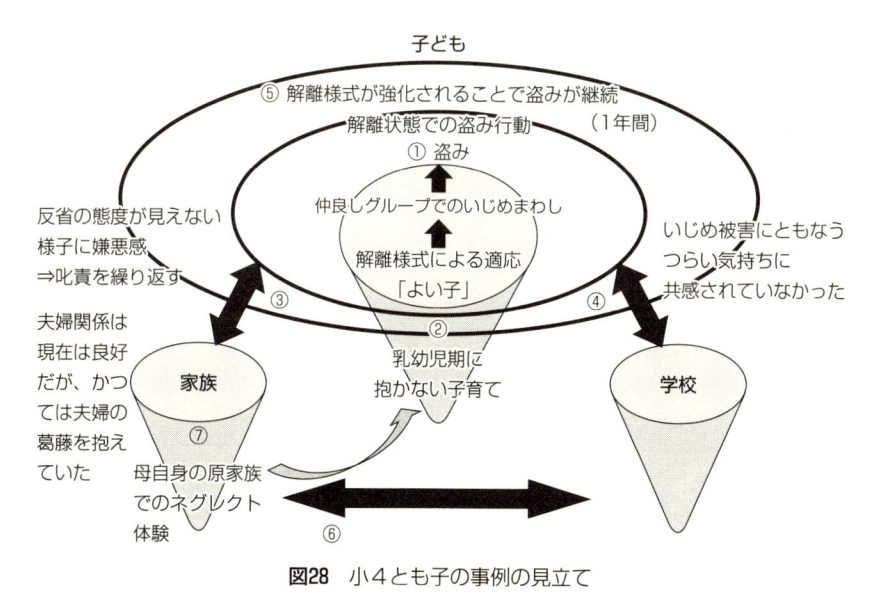

図28 小4とも子の事例の見立て

「盗み」が解離状態で行われていることがわかった。どの時点から解離状態での盗みになったのかは不明だが、最初の盗みは、仲良しグループ内でのいじめまわしの中で被害体験を経験し、そこで感じている不快感情が暴走する形で起こっていたと考えられた（図28-①）。しかし、そこでいじめ被害に共感されることはなく（図28-④）、盗みのみを注意され、とも子が抱えるグループ内での人間関係にともなう苦しみに目を向けられることはなかった。そのために問題が増幅していったと考えられる。そして、両親がきわめて常識的な対応として、必死に叱責を繰り返したこと（図28-③）が、逆にとも子の解離様式を強化し、盗っているときの自分と盗ってはいけないと思っている自分とが解離して記憶がつながらない状態を引き起こしていた（図28-⑤）。

とも子の母は、自分自身の幼児期はほとんど記憶がないという。乳児院に入っていたことがあるような話を聞いたことがあるが、特に確かめたことはないとのことだった。おそらく、2歳くらいからは母のもとで育っているが、抱かれた記憶はない（図28-⑦）。しかし、小学校高学年以降は、友達のように母とよく話をするようになり、今も孫の面倒を見にきてくれるなど、良好な関係であるという。母自身が乳幼児期に抱かれた記憶がないため、とも子を出産後、泣いたときに抱く必要性を感じたことがなかったと振り返った（図28-②）。とも子もあまり泣かない子で、子育てに苦労したという思いはなく、外国のように別室にベビーベッドをおいていたという。しかし、次女が生まれたときには、心情的に別室にすることができず、一緒に寝ていたし、次女は自然に抱くことができたので、そのときに「とも子のことは恐くて抱けなかったのかもしれないと思った」ということだった。

おそらく母の実母はなんらかの理由で「産後うつ」のような状態に陥り、子どもを手放さざるをえないということがあったのだろう。そして母自身も、とも子を生んだとき、とも子の泣き声に恐怖が喚起される経験をしていた可能性があるが、その恐怖も自動的に解離により処理され、ベビーベッドを別室にするという対応で解決されてしまっていた。とも子が解離様式によ

る適応を身につけ、不快感情を制御できない状態に陥った理由は明確になった。解離様式で適応している子どもは、友達関係の中で生じる不快感情を制御できない状態にあるため、いじめ加害の形で不快感情が暴走するのである。

来談した両親は、2人で協力してとも子の問題に向き合おうとしていたが、とも子が3歳くらいから小学2年生くらいまでの間は、夫婦の関係も険悪だったという。離婚を考えた時期もあったが、何度もぶつかってきたうえで、現在は良好な夫婦関係をもてるようになったということであった。とも子の解離が進行した背景には、このような夫婦の葛藤もあったと考えられた。

【家族への支援】
相談にやってきたとき、両親は親として、とも子の問題と向き合おうとする姿勢はしっかりしていた。しかしながら、とも子の問題行動を「解離によるもの」と理解していないために、解決努力が問題増幅を生み出す結果となっていた。盗みをして叱られた直後にテレビを見て大きな声で笑っている態度が両親の怒りと嫌悪を喚起させるのは当然のことである。したがって、問題が解離という現象によって生じているときちんと理解してもらうこと、そのために両親に対する心理教育を行うことがはじめに必要であった。両親は自ら本も読み、とも子のネガティヴな感情を受け入れることが解離の必要性をなくし、それによってネガティヴな感情の統合が起こるということをよく理解した。

【とも子への支援】
とも子への心理治療においては、解離様式を解除し、ネガティヴモードの自我状態とよい子モードの自我状態を統合していくプロセスが必要であった。

とも子は、保育園のときからいじめられ経験があったが、いつも我慢して

明るくよい子のふるまいをしていたことから、大人に気づいてもらえないことが多かった。つらい気持ちになると、つらい気持ちになる自分をダメだと言う自分が現れて、元気になることができた。このように解離した自我状態が別々の行動をとる状態にあるときには、よい子モードの自我状態がネガティヴモードの自我状態を否定し、いなくなってほしいと思っている状態にある。統合とは、両方のモードが大事な存在であるととも子自身が受け入れられるようになることを意味している。そのためには、親が子どものネガティヴモードを大事な存在だと認める関係性を提供することが必須だ。両親は覚悟を決めて、そのことをよく理解した。

EMDRセラピーにより、解離様式が解除されていくと、とも子は家で暴言を吐いたり、幼い子どものようにだだをこねたりするようになった。しかし、それができるようになると、盗みのような問題行動はなくなるのである。学校で体験したつらい感情を親の前で表出することができ、それを受け止めてもらうことで安心するという日常的な関係性を再構築することができれば、ボトムアップ制御の機能が育ち、ネガティヴモードが自己に統合されていく。EMDRセラピーと家族療法により、約2年を経て、とも子はふつうの女の子に回復した。

(3) 2事例の比較から

ふじ子ととも子の事例を通して、同じような主訴をもつ事例であっても、見立てと介入はまったく異なるものであることを示した。子どもの問題や症状は、家族成員の個々が抱える問題と家族の相互作用の中で構成されているものであり、その相互作用を見立てることにより、何をどのように治療すべきなのかが明らかになるのである。ふじ子の事例では、母の過去の記憶の再処理が必要であり、とも子の事例では、とも子の解離している自我状態の統合が必要であった。

ここで重要なのが、子どもの心理状態に対する的確な見立てである。この2事例を通して、子どもが自分の不安や苦悩をどのように語るのかというそ

の語り方に、その子どものネガティヴ感情との距離感が表れているということを示した。泣きながら苦悩を語れる子は、健康度が高いのである。あっけらかんとした語りからは、解離の度合いを見てとれる。

　小学生の場合、とも子のように二次解離の段階に進んでいても、親が子どものネガティヴモードの存在を認め、受け入れられるように変化することで統合されていく。しかし逆に言うと、親の関わりの変化なくして、子どもの解離は治らない。治療においては、親の関わりがきわめて重要な要になる。解離の治療にあたっては、親も子もそのメカニズムを理解することが必要である。子ども自身への心理教育教材として、『心が元気になる本　第１巻　イライラ、クヨクヨどうすればいいの？　悩む・いらつく・心のしくみ』の中に「とげくんとにこりんの物語」を示した（大河原、2008）。

3．複雑性トラウマとしての思春期の「不登校」の2事例

　「不登校」という状態は、さまざまな理由から生じるものであり、必ずしもすべての事例に感情制御の問題が関係するものではないが、ここでは、幼少期からの感情制御の問題に加えて、さまざまなトラウマの蓄積により、複雑性トラウマの結果として不登校が深刻化していた2事例を示し、複雑な問題をどのように見立てるのかということを示す。

(1) **中学3年生みどりの事例**（父・母・みどりの3人家族）
【初回面接と見立て】
　母が相談にやってきたときには、中学3年生のみどりは、不登校状態の中、毎日親への暴言を吐き、昼夜逆転している状態だった。母は「こうなったのは学校の責任なんです。中学1年生のときのいじめ問題への対応がよければ、こんなことにはならなかった」と訴えた。
　中学1年生のとき、クラスにいじめがあると保護者会で問題になったことがあった。そのとき、加害の中心にいたのがみどりだということで、学校で

の指導が行われたということだった。ところがその後、特定の子の悪口を書いたみどりのメールがクラスメイト全員にまわされてしまい、みどり自身が無視されるという被害にあうことになった。みどりは腹痛を訴えて登校できなくなったので、学校にいじめ被害の対応をしてほしいと頼んだが、担任は「みどりさんも他者の痛みを知るよい機会だったんじゃないか」と言った。それで母は「こんな担任は許せない」と思って対応を求めているが、とりあってもらえず、気持ちがおさまらないという状態にあった。

　母は、みどりを心療内科のクリニックにつれていき、投薬を頼んだ。みどりは薬を飲みながら中学２年生の１学期と２学期はなんとか登校したものの、睡眠障害で眠れなくなり、登校することが再び困難になったのだった。眠れないので睡眠導入剤を飲ませるが、睡眠導入剤を飲んでいるにもかかわらずみどりは起きていようとするので、朦朧としたハイテンションの状態で暴言を吐き、わけのわからない状態になるということであった。もはや母は、薬の力で登校を続けさせることができなくなり、このままでは高校受験が厳しくなるという不安でいっぱいになり、その思いをみどりに伝えるが、みどりは「人が恐い」と訴えて、外に出ることができなくなっていった。学校は母の苦情に疲弊しており、登校できないでいるみどりに対する担任からのサポートは途絶えてしまっていた（図29-④⑥）。

　図29はみどりの事例の見立て図である。みどりは、いじめをめぐるクラスメイトとの人間関係の中で学級に居場所がなくなり、登校できなくなった（図29-①）のだが、必死に登校させようとする母の行動（図29-③）がさらに状態を悪化させていた（図29-⑤）。みどりのつらい思いに焦点をあてる人は誰もおらず、母は「不登校」という事態そのものをなかったことにするために必死になっていた（図29-③）。それは、みどりの「不登校」という現実が、母にとってとてつもない恐怖であったからである（図29-⑦）。そのため、「原因は学校にある」という側面に必死にしがみつき、投薬により手っ取り早くみどりの不安を消してしまおうとしていたのである。このような場合、母の関わりが問題増幅を引き起こしていることは大変わかりやすいの

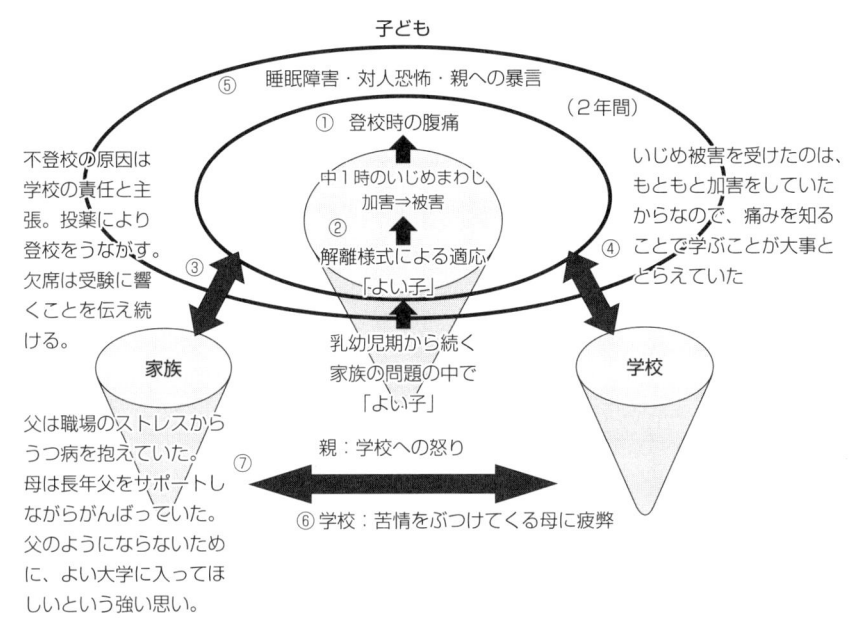

```
                        子ども
         ⑤  睡眠障害・対人恐怖・親への暴言
              ① 登校時の腹痛        （2年間）
不登校の原因は                                      いじめ被害を受けたのは、
学校の責任と主       中1時のいじめまわし                もともと加害をしていた
張。投薬により       加害⇒被害                      からなので、痛みを知る
登校をうながす。      ②                    ④     ことで学ぶことが大事と
欠席は受験に響    ③  解離様式による適応               とらえていた
くことを伝え続       「よい子」
ける。
          家族        乳幼児期から続く        学校
                  家族の問題の中で
                  「よい子」
父は職場のストレスから
うつ病を抱えていた。      親：学校への怒り
母は長年父をサポートし  ⑦
ながらがんばっていた。
父のようにならないた    ⑥ 学校：苦情をぶつけてくる母に疲弊
めに、よい大学に入ってほ
しいという強い思い。
```

図29　中3みどりの事例の見立て

で、学校側は母に批判的になり（図29-⑥）、状況が膠着してしまうのである。

　親が子どものために必死な状態に陥っているときに、その裏にあるのは、ただただわが子への愛情のみである。なんらかの事情があって、親の思いがうまく機能しない状態に陥っているとき、おおいなる悪循環が生じるが、悪意などはどこにもなく、わが子への愛情に突き動かされているだけ、ととらえることで援助の道が拓けていく。

　実は、父は長年にわたってうつ病を患っていた。みどりが幼稚園のころには休職した時期もあり、職場に復帰してからも症状に波があり、落ちこむ時期には「死にたい」と妻に訴えることが日常化していた。ふと行方不明になった父が自殺してしまったのではないかという恐怖を抱えながら、母はみどりの手をにぎりしめて父を探しまわったことも何度かあったという。現在

は、有給休暇をうまく使いながらなんとか勤務を続けているものの、いわゆる出世コースからはすでに外れている（図29-⑦）。

そのような父を支えながら、母はみどりの教育にのめりこんでいったのである。みどりは小学校のころから進学塾に通い、優秀な成績をおさめ、難関国立大学に入学してもらうことに母は期待をかけていた。父のようにならないことを目指していたのである。

このような環境の中で、みどりはおのずと感情を表出しない「よい子」にならざるをえなかった。解離様式で適応して「よい子」になることが、親を幸せにすることだったのである（図29-②）。そのため、不快感情を安全に抱えることができず、それでも日々たまる不快感情のストレスを解消するために、おのずといじめ加害をすることになっていったのである。

【みどりへの援助】

みどりには、まず「身体が眠りたくないなら眠らないという自由」が必要だった。それは、辺縁系・脳幹部の欲求をそのままに承認するということである。みどりの睡眠障害は、人工的に作られたものだった。眠れば明日起きて学校に行かなければならないから眠りたくないのに、身体を眠らせるために睡眠導入剤を飲まされ、身体が眠ろうと動くのに、意志が眠らせないという状態にあるために、朦朧状態が引き起こされ、怒りモードが暴走して暴言を吐く状態になっていた。身体の欲求に身を任せることができる状態を回復すること、ボトムアップ制御の基本に戻ることが、回復のために最も重要なことなのである。

そのために有効なのが、ブレインジム（Dennison, P.E., 2002 ; 2006）のエクササイズ「ブレインボタン」（鎖骨の下のツボをもみながら、目を左右に動かし、呼吸をするという動作）である。ありのままの身体の状態を受け入れることを容易にし、過覚醒で眠れない状態にある子どもが「眠れるようになった」とよく報告してくれるエクササイズである。

みどりは、「身体の声をよく聞くことが大事なんだよ」という私の話を、

鋭い感性で直観的に理解した。「進学塾に通っているときから、いつも身体と頭が戦っていて、身体の言うことを聞いちゃダメで、頭の言うとおりにしなければならないと思ってきた。でも、それは限界で、もう無理って思っていたから、身体の言うことを聞いていいってわかってよかった」と言った。しだいに、夜12時くらいには本を読んでいるうちに自然に眠れるようになり、親に暴言を吐くこともなくなっていった。

EMDRセラピーでいじめ被害の記憶を扱ったところ、小学校時代からいくつもの被害と加害を経験していることがわかり、「やらなければやられる」という関係性の中で苦しんできており、加害の罪障感がトラウマになっていた。このトラウマを処理することで、対人恐怖は消え、登校できるようになった。

【母への援助】
みどりがおちついてくることにともない、母自身も眠れるようになった。母は常に「夫に自殺されるかもしれない」という思いを抱えながら夫婦生活を重ねる中で、無意識にその恐怖の記憶に呪縛されていた。そのため、みどりは父と同じようなうつ病ではない、ということにしなければならず、みどりの不登校の原因は学校にあるという苦情を申し立て続けなければならない状況に陥っていた。母には、長年にわたって夫を支えてきたことに対するねぎらいといたわりが必要だったのである。「夫が自殺するかもしれない」という記憶に焦点をあててEMDRセラピーを行い、こんなにも涙というものは出るのだろうかと驚くほどの大量の涙を流して、母は自分を取り戻していった。母自身もまた、辺縁系・脳幹部の欲求を抑えこみ、認知・理性ですべてをコントロールして生活することに疲れきっていたのである。涙はためずに流したほうがよいのである。

大人であっても、危機的な状況が長期的に続けば、おのずと闘争モード（過覚醒状態）に入ってしまうということが起こる。親にとっては、わが子の痛みは自分の痛みであり、必死になればなるほど、学校から見ると「モン

第6章 事例を通して 199

スターペアレント」と言われる状態になってしまう。しかしモンスターはみな、悲しみと恐怖に突き動かされているのだ。

(2) 19歳さちこの事例（父・母・兄23歳・さちこの4人家族）
【初回面接と見立て】
　母とさちこが相談にやってきたのは、さちこが19歳になってからであった。さちこは、高校2年生の秋から登校できなくなっていた。母は、まったく原因がわからないという。それまで元気で明るく、いつも前向きに学校に行っており、将来は教師になりたいと言っていた娘が、部屋から出てこなくなり、半年くらいひきこもったかと思うと、今度は派手な服装になり、遊び歩くことに夢中になっているという。これまでに多数の相談機関、病院をまわってきていたが、本人が行きたがらなくなるので、結局続かず、現在は母のみが心療内科から薬をもらっているということだった。さちこは思いどおりにならないようなことがあると過呼吸になるので、母は薬がないと不安だと感じていた。しかし、実際には、さちこはほとんど薬を飲んでおらず、母が自分の安心のために薬をもらっている状況だった。不登校になってひきこもっていたころからリストカットもしており、「傷が残るからダメ」と言って聞かせているが、やめることはできない様子だということだった。自動的に高校は退学になり、通信制に編入して、かろうじてなんとか単位は取得しているが、スクーリングの日には決まって過呼吸になるので、このままでは困ると思って相談に来たということだった。

　さちこは、「学校みたいな場所」で集団の中に入ると恐怖を感じ、その恐怖をなんとか抑えようとすると、パニックになって過呼吸になると語った。そして、小学校のころから、女の子集団の中でいやな思いをすることが多かったことなどをぽつりぽつりと語った。私が「『ひとりぽっち』がキーワードみたいだね……」と言うと、わっと号泣した。そして、実はピルを飲んでいるのは避妊のためだということを打ちあけた。家にいると「ひとりぽっち」な気分でどうしようもなくなり、夜の街に出て「ナンパ」されることで

図中:

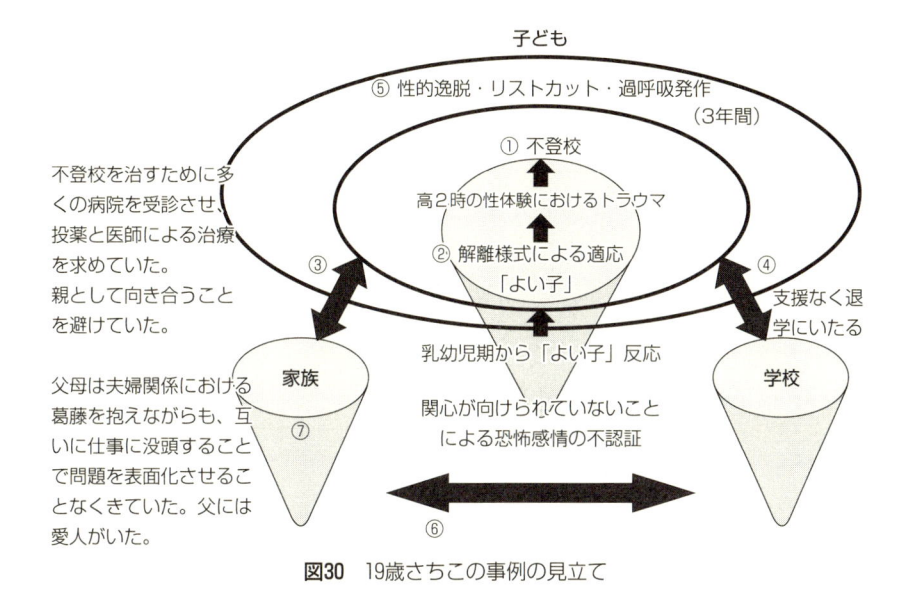

子ども
⑤ 性的逸脱・リストカット・過呼吸発作
（3年間）
① 不登校
高2時の性体験におけるトラウマ
② 解離様式による適応
「よい子」
乳幼児期から「よい子」反応
関心が向けられていないこと
による恐怖感情の不認証
③　　　　　　　　　　　　　　④
家族　　　　　　　　　　　　学校
⑦　　　　　　⑥

不登校を治すために多くの病院を受診させ、投薬と医師による治療を求めていた。親として向き合うことを避けていた。

父母は夫婦関係における葛藤を抱えながらも、互いに仕事に没頭することで問題を表面化させることなくきていた。父には愛人がいた。

支援なく退学にいたる

図30　19歳さちこの事例の見立て

孤独を回避しているということだった。不特定多数の男性と性交渉をしていたのでピルが必要で、母には生理不順とごまかし、婦人科で処方してもらっているということだった。しかし、ピルの副作用で体調も悪く、早くやめなければならないことはわかっていると語った。

　図30がさちこの事例の見立てを図にしたものである。

　高校2年生のとき、不登校になる直前、さちこは部活の3年生の先輩男子と付き合っていた。彼に求められ、初体験をした。本当はいやだったが、嫌われたくない思いから求めに応じてしまったということだった。しかし、そのときの様子やさちこの身体の特徴などが、その後、部活の中でうわさになって流れるようになった。彼は二又で付き合っていたのだった。同じ部活の3年生の先輩女子とも付き合っており、嫉妬したその先輩がうわさを流したのだった。そして、さちこは学校に行けなくなっていった（図30-①）。

　さちこは、彼が二又かもしれないこと、遊ばれているのかもしれないということはうすうす気づいていたのだが、彼を失って「ひとりぼっち」になる

第6章　事例を通して　201

ことが何よりも恐かったとのちに振り返った。

　母は、さちこの不登校を治すために、病院や相談所をたくさんまわっていたが、さちこが抱えている苦しみに向き合うことはできず、どこか他力本願であった（図30-③）。父は、さちこが不登校になっても何も言わなかった。さちこは、親の存在を遠いものと感じており、幼いころから孤独を感じていた。親はそこにいても、心から向き合っていない場合には遠い存在となってしまうのである。

　両親はさちこの前でけんかするようなことはなく、いつも穏やかな様子で過ごしてはいたが、夫婦の間には葛藤を抱えていた。父には愛人がおり、母はそのことを知っていたが、そのことにはふれずに、日常の平和を優先して過ごしてきていた（図30-⑦）。つまり、母は自分自身の内面とも遠い関係にあったので、到底さちこの内面に近づくこともできない状態にいた。母自身がAffect Phobia（Leeds, A., 2013）の状態にあった。

　このような「葛藤があるけれども、ないことにする」関係性の中で育ったさちこは、「幼いときから手のかからないよい子」であったが、夜尿は小学校にあがるくらいまで続いていたという。母は、今振り返ると、それは寂しい思いをしていることのサインだったのかもしれないと悔やんでいた。また、母は「さちこが2歳くらいのころ『ワニの形の浮き輪』を異常に恐がったのに、いつまでも玄関に放置しておいたこと」を思い出していた。このエピソードは、2歳の子どもが恐怖を訴えたときに、その恐怖に対して安全を与える関わりをしなかったというエピソードであり、当時、母が子どもの感情に目を向けていない関係性にあったことを示していると言えるだろう（図30-②）。小学校時代は成績も優秀で活躍し、親にとっての自慢の娘であった。さちこの晴れ舞台のときは、両親がそろってさちこを応援した。さちこにとっては、がんばった姿を見せたときだけは両親との距離が縮まるが、日常の生活の中におけるさちこの感情には関心を向けてもらうことはなく、「ひとりぼっち」の孤独感に苦しんでいたのである。

　このような生い立ちの中で、解離様式で適応することに成功してきていた

さちこだったが、高校2年生のときの初体験をめぐって大きなトラウマを抱えることになった。もともと、いやな気持ち、つらい気持ちをないことにする方略を使っていたさちこは、とてつもなく大きな不快、悲しみ、怒り、恥ずかしさなどの感情の嵐の中にあって、その感情をどう扱ってよいかわからず、封印しきれず、リストカット・過呼吸などの症状が次々と生じていたのである（図30-⑤）。

　高校では、登校できなくなったさちこに対しては、登校をうながす以外の支援はなく、さちこが信頼して心を開くことができる教師との出会いもなく、退学にいたった（図30-④）。

【さちこへの援助】
　さちこの現在の性的逸脱行動は、高校2年生の初体験をめぐるトラウマの再演としての意味をもつ行動であると思われた。トラウマの再演とは、無意識に衝撃的な体験と同じことをすることで、非日常を日常化することにより、たいしたことではないかのように感じようとする自己治癒行動のことである。これは、東日本大震災のときの「津波ごっこ」で有名になった反応である。津波を体験した地域の子どもたちが、遊びの中で「津波ごっこ」をするという行為である。子どもたちにとっては自己治癒のための行為であり、叱ってはいけないと新聞などでも報じられた。「津波ごっこ」は遊びとして行っているという点で健康的だが、性被害のトラウマの再演は、このようなさらなる性的逸脱の形をとることが多い。しかし、トラウマがきちんとケアされていないことから生じている再演なので、トラウマ治療をすることが必要であり、それにより改善されるものである。

　さちこへのEMDRセラピーでは、初体験のトラウマ記憶の処理に続き、幼いときから抱えているさまざまな恐怖、「ひとりぽっち」の孤独感を処理していった。また、性的逸脱の結果生じていた罪悪感や自己嫌悪感を扱うことも重要であった。それらの治療を通して、自分の身体が感じている感覚、恐怖でも不安でも不快でも嫌悪でも、それらはすべて大事なもので、あって

よいものであるということを受け入れていくプロセスが意味をなした。

　過呼吸は、不安や恐怖を感じる場面で起こることが多かったが、それは「不安になってはならない」と命じる認知からのトップダウン制御と、呼吸をすることで身体が安心しようとするボトムアップ制御とのバランスがとれないことから生じていた。

　複雑にからみあったトラウマがEMDRセラピーによって処理されていくと、しだいに呼吸により身体の安心・安全を感じることへの抵抗がなくなり、身体に身を任せることができるようになった。そのころには、過呼吸発作もリストカットもなくなっていった。

　さちこの治療には2年半を必要とした。治療がはじまって2年くらいが経過したころには、通信制の高校を修了し、大学進学のための予備校に通えるようになり、もはや性的逸脱にいたることはなく、新たな彼と1対1で付き合えるようになっていた。あるとき、彼とけんかをして、彼を失うかもしれないと思う状況に陥ったとき、「ひとりぼっち」の孤独感におそわれ、リストカットをすれば楽になれるような気持ちになった。しかし、カッターを取り出し手にあてようとすると、ソワッと恐怖が走り、手を切ることなどできなかった。つまり、健康な人が感じる当たり前の身体感覚（正常な恐怖感）を取り戻していたのである。さちこは「無理。手なんか切れない」と思ったという。解離が解除されるとは、こういうことを意味している。危険な状況において、きちんと恐怖を感じることで身を守ることができるという情動脳の機能が回復したのである。それにより、リストカットは不可能になった。さちこは「もう手を切ることができないんだ」「私、治ったんだ」と思えることで自信をつけ、恋愛関係における不安をちゃんと抱え、彼と話し合い、自分の気持ちを伝えることができるようになった。

　そして、父にも自分の感情をぶつけられるようになっていった。

【母への援助】

　さちこは19歳であったので、小中学生の事例とは異なり、さちこの個人治

療を中心に進めていった。そして、さちこの変化を感じながら、母は自分自身も変わらなければならないということに気づいていった。母が長年にわたり、見たくないから見ようとしてこなかった夫との関係について、向き合うことを決心した。すぐに離婚はできないものの、さちこが自立するときには母も自立することを考え、準備をはじめた。

(3) 2事例を通して

　不登校という状態像を示す事例のすべてが、感情制御の発達不全を抱えているわけではない。不登校という反応は、子どもの学校での危機状態に対する防衛反応として、ある意味、最も健康的な反応だからである。学級でいじめ被害を受けていれば、恐怖で身体が固まって登校できなくなるというのはきわめて健全な反応である。だから、不登校という形で自分を守ろうという反応が起こっている子どもの問題においては、環境要因の改善が何より重視されるべき事例もたくさんある。

　一方、ここでとりあげた2事例は、幼少期からの感情制御の発達不全の問題を抱え、かつ学校生活の中でのトラウマにさらされて、その結果、登校することができなくなり、さらにその問題を解決しようとする親の関わりの中でさらに問題が増幅されてしまった、複雑性トラウマの様相を呈した事例であった。

　ここで示したように、親が抱えている苦しみと子どもが抱える苦しみは相互作用して問題を大きくしてしまうものなのであるが、子どもが救われるときには親も救われることになる。親が本質の問題と向き合わざるをえなくなるような問題を起こしてくれる子どもは、生きていくパワーに満ちている。そして、子どもの問題を通して、必死に向き合おうとする親たちは、実は大きな力をもっているのだと思う。相談に来て、心理治療を受けることができるということ自体が大きな愛情の証であり、それだけの力をもっているのである。だから、子どもの心理的問題は治るのだと思う。

　EMDRセラピーの詳細は、専門的なことなので、ここでは記載していな

いが、私たちの行動のすべてが、脳の中に蓄積されている記憶のネットワークに支配されているものであり、脳はおのずと生体が健康に生きていく方向に動くものであるという脳の性質に基づいたAIPモデルは、限りなくポジティヴなものであり、どんなにネガティヴな事象や感情が出てこようとも、私たち援助者を支えてくれる理論である。

　みどりもさちこも、大きな苦しみを抱えながらも、生きる力に満ちており、若い時代にこれだけ自己と向き合ったその力は、彼女たちのこれからを支えていくだろう。

児童精神科医からの一言⑫
事例「たくみ」の薬物療法に関する解説

　事例「たくみ」は、精神科の主治医から、発達障害の診断で、感情制御困難から生じる問題行動に対して抗精神病薬（商品名：リスパダール）を投与されていた。

　子どもへの抗精神病薬の投与は、症状の改善を目的に二次的に選択され、症状の改善があれば、徐々に減量、そして投薬終了を目指すことが基本である。最初に環境因や問題行動の増悪因子を同定して、家族や学校関係者を含めた調整を行い、子ども本人に対しても心理療法からのアプローチが行われるべきである。

　しかし、この事例のたくみのように、抗精神病薬がすぐに投薬された場合には、親は精神科の主治医から、「どのような根拠で投薬が必要なのか？」「いつまで投薬するのか？」「服薬することで生じる副作用は何か？その副作用が生じた場合にはどのように対処するのか？」などの説明を十分に聞いておくことが重要である。

　この事例では、環境因が解決されても、たくみの時折の激しい暴力行為はおさまらなかった。この問題行為（特に衝動的な暴力行為）は、長期間投与され続けた抗精神病薬（リスパダール）の副作用の症状だった可能性がある。それは、小学４年生の夏休みの旅行中に２日間、薬（リスパダール）を飲み忘れたときに、形相が変わり、感情の混乱がおさまらない状態になったというエピソードから推測される。看護師の母親が気づき、主治医にたくみが服用している薬（リスパダール）の減量を求めたときに、母親ははじめて主治医のたくみへの治療に対する姿勢を知ることになった。主治医が「この子は一生薬が必要だよ」「リスパダールで抑えているから勉強ができないのも仕方がない」と言ったことで、母親が転院を考えたのである。このように、主治医の治療方針に不信感をもつ場合には、セカンドオピニオン制度の利用や転院の判断も必要である。

　この事例のたくみのように、長期間（３ヵ月以上）抗精神病薬を服用している場合には、親の自己判断でいきなり服用を中止することは大変に危険である。たくみは２日間服薬を忘れて、激しく状態が悪化した。長期間服用している抗精神病薬をいきなり中断や中止すると、大人の場合でも激しいリバ

ウンド現象が生じやすいことが知られているが、特に子どもの場合には、どのような状態になるかの詳細な報告などが記載された書物さえないのが現状である。抗精神病薬を減量する場合でも、経験豊富な精神科医の指導のもとで、安全に施行するしかない。親や本人の自己判断で抗精神病薬の服薬を中断することはきわめて危険であり、思いもよらない衝動的な危険行為が生じる場合もある。また、このように断薬が危険なのは抗精神病薬だけはなく、抗うつ薬（商品名：パキシル、デプロメールなど）でも同様である。

　改めて、子どもへの抗精神病薬や抗うつ薬などの投薬については、あくまで治療上の第2の選択肢であること、短期間で徐々に減量、そして投薬終了を目指すことが基本であることを周知する必要がある。

（鈴木廣子）

児童精神科医からの一言⑬
事例「みどり」の薬物療法に関する解説

　事例「みどり」では、腹痛を訴えて登校できなくなったが、母は腹痛の原因は心理的なものとして、登校をうながすために、みどりを心療内科のクリニックに受診させ、母親の希望どおりに投薬が開始されていた。父親がうつ病で投薬を受けてなんとか就業しているので、みどりに対する投薬は、母にとっての安心材料になったと思われる。

　みどりに投薬された薬は抗うつ薬だと推測される。投薬により、みどりは抑うつ気分、不安感が改善され、一時的になんとか登校できたのだろう。しかし、みどりの登校する学校、学級、家庭内の雰囲気などはまったく改善しなかったため、みどりの不安感は次第に増大し、睡眠障害が生じたと考えられる。みどりは「明日がこないでほしい、眠ると朝になってしまう、寝るのが恐い」という心境にあっただろう。

　子どもの睡眠障害は、みどりのように、「朝がきて、登校するがつらいので、眠りたくない」ということから生じていることも多いのである。そのような状況で睡眠導入剤を服用させると、みどりのように朦朧としたハイテンションの状態で、暴言を吐き、わけのわからない状態になり、次の日には覚えていないということがよく起こる。

　睡眠導入剤は、その分子構造式がアルコールと類似している。アルコールも楽しく飲んでいるときにはなんら問題はないが、苦痛や苦悩から逃れるために飲酒すると、異常な酩酊状態による暴言、暴力、激しい興奮、問題行動を引き起こし、翌日まったく記憶にないということが起こる場合がある。みどりは、まさに睡眠導入剤でアルコールの酩酊状態と同様の状態になっていたのである。

　子どもの睡眠障害では、その「眠れない」という言葉の裏にあるその子どもの抱える問題について、丁寧な聴取が特に重要なのである。

（鈴木廣子）

児童精神科医からの一言⑭
経歴と臨床医としての背景

「児童精神科医からの一言」として、近年、子どもの心の問題をめぐって問題となっているトピックスについて私見を述べてきた。これらの見解の背景にある、私のこれまでの経歴について述べておきたいと思う。

私は、1989年岩手医科大学医学部卒業後、同大学大学院神経精神科学講座に入学した。大学病院での一般精神科医療に携わりながら、大学院の研究テーマとして「思春期青年期精神医学」を選択した。当時から、長期化する不登校や摂食障害、家庭内暴力、自殺など深刻なケースはたくさんあったが、大学の医局には児童青年期を専門としている指導医はおらず、ただただ実践から学び、本を読み、関連した学会や研修会に参加して、自分で勉強するしかない環境であった。

そんな状況の中で、恩師の主任教授（岩手医科大学神経精神学講座名誉教授、故切替辰哉先生）から、看護学校と医学部の学生に「精神症状学」および「乳幼児期、児童期、思春期精神医学」の講義をするように申し渡されたのである。切替先生からは「講義をすることが一番の勉強になる。講義ノートを自分で作り、学生がノートをとることができるように黒板に書きなさい」とアドバイスをいただいた。講義は現在に至るまで30年間続けてきた。今振り返ると、この体験が精神科医としての大きな力になっていると感じている。

また、同時に児童相談所の精神科嘱託医となり、多くの障害児や触法少年、虐待で保護された児童と面接する機会を得、さらに附属病院精神科を受診した子どもたち（幼児から思春期青年期）の診察を任されることになった。これらのフィールドにおいて、実に多くの事例を経験することができ、事例の子どもたちと家族に育てていただいたと思っている。そして、そういう機会をくださった恩師に今でも心から感謝している。

岩手県は精神科医が少ないため、精神科医はすべての領域（統合失調症や大うつ病など）の患者さんたちを診察することは当たり前の状況で、時には「リエゾン精神医学」のグループに入ることもあり、盛岡家庭裁判所での精神科嘱託医も9年間経験した。ここでは、離婚調停（面会交流や親権、養育

費などを含む）、相続問題、精神鑑定、精神的診断（精神疾患の有無の判断）が必要な場合などの事例を経験した。また「産後うつ病」事例の経験から、乳幼児精神医学の仲間とも出会い、岩手県における妊産婦メンタルヘルス事業を立ちあげてきた。警察関係では、犯罪被害者支援委員会のメンバーであり、性被害証拠収集キットを作成する活動にも加わってきた。

　本書の著書の大河原美以先生とは、盛岡市内の児童福祉施設に週1回非常勤で行くことになった際に知り合って、以来30年のお付き合いとなっている。大河原先生に家族療法学会に誘われ、「心理教育・家族教室」に出合い、摂食障害や社会的ひきこもりの家族教室を開始するきっかけとなった。また、EMDRセラピーも大河原先生とともに学び、お互いに経験を語り合い、研鑽してきた。EMDRセラピーとの出会いは、その後の臨床医としての転機になったといえる。

　1983年から1998年まで、岩手医科大学神経精神科助手、嘱託講師、講師を務めたのち、1998年に「すずきひろこ心理療法研究室」を開業した。薬物療法をせず、自由診療での活動を開始し、現在にいたっている。今も子どもたちから学んでいる日々である。

　　　　　　　　　　　（鈴木廣子）

あとがき

　科学技術の発展は、社会を変化させる。社会の変化は、人のあり方そのものを変化させる。脳は環境との相互作用の中で機能し、発達するものだからである。

　将来の地球の状況を示すSF海外ドラマは、実に興味深い。『ALMOST HUMAN』（J・H・ワイマン脚本、フォックス放送、2013-2014年）というドラマでは、凶悪犯に対抗するために、人間の刑事はアンドロイド刑事とコンビを組むことになっているという設定。感情（辺縁系領域）をもったアンドロイドを作ったところ、感情が制御できず暴走するので廃止になり、現在は感情をもたない認知機能だけのアンドロイドが採用されているという。ロボットの領域において、辺縁系機能を作ることができたとしても、トップダウン制御におさまらず"meltdown"するという設定がリアルである。しかし、認知機能だけのアンドロイドは、空気を読まないので人間をいらだたせる。主人公は、裏切られて傷つき、感情を遮断している人間の刑事と、廃棄をまぬがれた感情タイプのアンドロイド刑事だが、アンドロイドのほうが「人間らしい」ところに考えさせられる。また、『V』（ケネス・ジョンソン脚本、NBC、1983-1984年）という宇宙人が地球を征服しにVisitorとしてやってくるというSFドラマでは、感情をもたない宇宙人が、感情を行動規範としている人間の性質を研究し尽くし、それを利用して征服を試みる。『V』の中でも感情をもつ者たちは反乱軍となっていく。

　認知と感情という対立軸は、人間のこれからの進化においても重要なテーマなのだろう。IT化したグローバルな競争社会の中で、効率だけ（認知的側面）を優先すれば、感情（身体的側面）は不要なものと位置づけられてし

まうことになる。だから、トップダウン制御とボトムアップ制御の間で不具合が生じていくことは、人間の進化のプロセスの一部でさえあるのかもしれない。

　最近のニュースで、食用の肉を細胞からシャーレの中で培養して生産できる技術が開発されたと聞いた。「命を食す」という言葉があるように、私たちは動物の命をいただくことで生きているわけだが、将来的には、命そのものの前提も変わってくるのかもしれない。また、健康な未婚女性が将来出産するための卵子凍結保存についても、現実味をおびたニュースを聞く時代になった。

　こういった社会の変化は、確実に、私たち人間のあり方そのものに深い影響をもたらすだろう。命の領域に、科学技術が当たり前に入ってくる時代の中で、私たちが「正しいこと」と認識する基準そのものも変化していくであろう。まさに今、哲学が求められていると思う。生と死をめぐって、科学技術を選択しないことが「罪なこと」になるような時代を前にして、そういう変化が人の心（すなわち脳の機能）にどのような影響を与えていくのだろうか。その変化はすでに起こりはじめているように日々切実に感じている。

　本書では、育ちの中で、一次解離という防衛によって不快感情を封印してしまうというあり様が、Affect Phobia状態を生み出し、その後の人生にさまざまな影響を与えるということを示してきた。若い世代においてはすでに、トップダウン制御により感情をないことにするあり様はめずらしいことではなく、IT化された現代社会の中における自然のなりゆきなのかもしれないと感じることの多いこのごろである。

　『心が元気になる本（第1～3巻）』（あかね書房、2008年）は、小学校高学年から中学生向けの学校図書として監修した本である。この中にある「とげくんとにこりんの物語（第1巻、28-41頁）」は、一次解離された感情である「とげくん」と、大人にほめられるモードの「にこりん」を自分の心の中でどのように扱えばよいかを、絵本の形で示したものである。この「とげくんとに

こりんの物語』は、2021年に『いやな気持ちは大事な気持ち』（日本評論社）として、ヴァージョンアップして刊行された。いがみあっている「とげくん」と「にこりん」が仲良しになることが、「統合」を意味する。この絵本は、最初から当然のように統合されている大人にとっては意味不明なのだが、今どきの子どもや青年は驚くほどに「自分の心の中と同じ」と共感する。そして「自分も『とげくん』をいらないと思ってきたけど、『とげくん』がいてもいいなら、楽になる」との感想をもつのである。

　臨床家として人の苦悩と向き合う仕事をする人間は、自己の不快感情「とげくん」と深く出合うことなしには、人を癒すという仕事を成立させることができない。臨床家は、自身の深層とつながっているその深さの度合いに応じて、クライエントの内面にふれることができるのである。だから、臨床家のトレーニングにおいて、深いレベルでの自己理解をどう進めていくのかという点は大きな課題である。

　臨床家が自身の「とげくん」を否認していれば、クライエントが訴えかけてくる苦悩にもちこたえることができない。その結果、過剰に投薬したり、ネガティヴな側面をきちんと見据えずに逃げの形でポジティヴ志向にもっていこうとしたりすることが生ずる。ポジティヴ志向は、ネガティヴな側面を抱えることができる人にこそ有効なものであり、解離によりネガティヴ感情から逃れている場合には意味をなさないのである。当然、解離が解除されたのちには有効なものとなる。

　セラピーはアートである。マニュアルどおりにやれば自動的に症状が改善するほど、人の心は単純ではない。セラピーの道具は、私たち臨床家自身の感情（身体）なのである。クライエントの話を聴いて感じる身体を通して出てくる、専門家としての「ことば（認知）」がクライエントに影響を与えうる。身体をもった「ことば」を話せるということが、臨床家の専門性であると言えるだろう。

　私は大学学部を卒業したあと、小児病院併設の虚弱児施設の児童指導員と

して働いていた。1980年代の半ば、時代の流れの中で、身体的な病気に加えて、不登校や心身症・神経症症状をもつ子どもたちが入所するようになった。当時そこでは、心理的問題は「心が弱い」から起こるのであり、それは「鍛錬」によって治すことができると本気で考えられていた。身体の病気を抱え、かつ家庭的にも不遇な子どもたちとの生活の中で、そして処遇をめぐる施設の方針との葛藤の中で、今振り返れば、実にさまざまなことを学んだ。それは、私の反面教師としての原体験になっている。その後、大学院で臨床心理学を学び、非常勤カウンセラー職などを経て現在に至るが、現在まで33年間ずっと、当時抱えた問いの答えを模索してきたと言える。「心が弱い」とはどういうことなのか？「心を強くする」とはどういうことなのか？　本書は、現段階での、私のその答えである。

　「児童精神科医からの一言」を執筆していただいた鈴木廣子先生とは、この児童福祉施設で出会った。何が正しいのか、そして正しいことをするために戦い続けることを支えられてきた。本書においても、子どもの健やかな育ちを願う一心から、かなりふみこんだ記述をしていただき、感謝です。

　私の中では、システムズアプローチと社会構成主義、トラウマ論と家族療法、傾聴受容と戦略、脳生理学と臨床心理学とが、いずれも矛盾しない形で存在している。それは、ベイトソン（Bateson, G., 1972）が言語化してくれた枠組み（論理階型に基づく認識論）が根底にあるからである。ベイトソンの認識枠組みによって、児童福祉施設の中での混沌とした私の体験は整理された。過去と現在という時間軸において、多くの人が関わる関係性の中で、個の問題がどのようにして形成され、維持され、増幅されていくのか——個と関係性のあり様を解き明かす枠組みというコンテクストをベイトソンに与えられてきた。私をベイトソンとEMDRセラピーに導いてくれた、今は亡き崎尾英子先生（元・国立小児病院医長）に心より感謝したい。

　最後に、この本の出版に多大なご尽力をいただいた日本評論社の植松由記さんに心よりお礼申し上げます。植松由記さんが、本書の作成中に出産されたことは、私にとってもとてもうれしいことだった。子育て中の編集者によ

る編集であるということも、この本の大きな価値であると感じている。

　子どもの問題行動はすべて、生きようとすることから生じるものである。その命の叫びを大切にすること、それが子どもを育てることを職とする者の使命であるということを、本書の読者と共有できれば幸いである。

　平成26年12月28日
　　子どもたちを育てるというかけがえのない仕事に感謝して

引用文献

會田理沙・大河原美以（2014）「児童虐待の背景にある被害的認知と世代間連鎖—実母からの負情動・身体感覚否定経験が子育て困難に及ぼす影響」『東京学芸大学紀要　総合教育科学系』65集1号、87-96頁

Ainsworth, M.S., Blehar, M., Waters, E., & Wall, S. (1978) *Patterns of attachment: a psychological study of the strange situation.* Lawrence Erlbaum Associates.

安藤寿康（2012）『遺伝子の不都合な真実—すべての能力は遺伝である』ちくま新書

有田秀穂（2007）「涙とストレス緩和」『日本薬理学雑誌』129巻2号、99-103頁

有田秀穂・中川一郎（2009）『「セロトニン脳」健康法—呼吸、日光、タッピングタッチの驚くべき効果』講談社

Bateson, G. (1972) *Steps to an ecology of mind.* Ballantine Books.（佐藤良明訳（1990）『精神の生態学』思索社）

Bergmann, U. (2012) *Neurobiological foundations for EMDR practice.* Springer Publishing.

Bowen, M. (1978) *Family therapy in clinical practice.* Jason Aronson.

Bowlby, J. (1969) *Attachment and loss, vol.1, Attachment.* Hogarth.（黒田実郎・大羽蓁・岡田洋子訳（1976）『母子関係の理論1　愛着行動』岩崎学術出版社）

Brandt, A. (2014) *Mindful anger: a pathway to emotional freedom.* W. W. Norton.

Chiao, J.Y., & Blizinsky, K.D. (2010) Culture-gene coevolution of individualism-collectivism and the serotonin transporter gene. *Proceedings of the Royal Society B* 277(1681), 529-537.

Damasio, A. (2003) *Looking for Spinoza: joy, sorrow, and the feeling brain.* Harcourt.（田中三彦訳（2005）『感じる脳—情動と感情の脳科学よみがえるスピノザ』ダイヤモンド社）

ポール・E・デニッソン著、石丸賢一訳（2002）『頭のよくなる体のエクササイ

ズ　Brain Gym®手引書』日本キネシオロジー総合学院

Dennison, P.E. (2006) *Brain Gym® and me: reclaiming the pleasure of learning*. Edu-Kinesthetics, Inc.（石丸賢一訳（2010）『ブレインジムと私―学習障害からの奇跡の回復』日本キネシオロジー総合学院）

Felitti, V.J., & Anda, R.F. (2010) The relationship of adverse childhood experiences to adult health, well being, social function and health care. Lanius, R.A., Vermetten, E., & Pain, C.(eds.) *The impact of early life trauma on health and disease: the hidden epidemic*. Cambridge University Press, pp.77-87.

福岡県臨床心理士会編、窪田由紀・林幹男・向笠章子・浦田英範（2005）『学校コミュニティへの緊急支援の手引き』金剛出版

響江吏子・大河原美以（2014）「母親が乳幼児の負情動表出を受け入れられないのはなぜか？―「泣き」に対する認知と授乳をめぐる愛着システム不全の影響」『東京学芸大学紀要　総合教育科学系』65集1号、97-108頁

Hornbeak, D.C. (2007) *The superconfitelligent child: loving to learn through movement and play*. Peak Publishers.

稲村博（1980）『家庭内暴力―日本型親子関係の病理』新曜社

河合隼雄（1976）『母性社会日本の病理』中公叢書

Lesch, K.P., Bengel, D., Heils, A., Sabol, S.Z., Greenberg, B.D., Petri, S., Benjamin, J., Müller, C.R., Hamer, D.H., & Murphy, D.L. (1996) Association of anxiety-related traits with a polymorphism in the serotonin transporter gene regulatory region. *Science* 29(5292), 1527-1531.

Klaus, M.H., Kennell, J.H., & Klaus, P.H. (1995) *Bonding: building the foundations of secure attachment and independence*. Addison-Wesley.

今野義孝（2005）『とけあい動作法―心と身体のつながりを求めて』学苑社

Kritsberg, W. (1988) *Adult children of alcoholic syndrome: a step by step guide to discovery and recovery*. Bantom.（斎藤学監訳、白根伊登恵訳（1998）『アダルトチルドレン・シンドローム―自己発見と回復のためのステップ』金剛出版）

熊田洋子（2011）『母乳指導の誤算』青簡舎

Lanius, U.F., Paulsen, S.L., & Corrigan, F.M. (2014) *Neurobiology and treatment of traumatic dissociation: towards an embodied self*. Springer Publishing.

LeDoux, J. (1996) *The emotional brain: the mysterious underpinnings of emotional life*. Simon & Schuster.（松本元・川村光毅・小幡邦彦・石塚典生・湯浅茂樹訳（2003）『エモーショナル・ブレイン―情動の脳科学』東京大学出版会）

Leeds, A. (2009) *A guide to the standard EMDR protocols for clinicians, supervisors, and consultanats.* Springer Publishing.

Leeds, A. (2013) Affect phobias in EMDR therapy: developing affect tolerance capacities in client and clinician. The Handout of EMDRIA Annual Meeting 2013 in Austin.

Leeds, A., & Mosquera, D. (2014) History taking and preparetion for EMDR therapy in complex cases. The Handout of EMDRIA Annual Meeting 2014 in Denver.

Lillas, C., & Turnbull, J. (2009) *Infant/child mental health, early intervention, and relationship-based therapies: a neurorelational framework for interdisciplinary practice.* W. W. Norton.

Linehan, M.M. (1993) *Cognitive-behavioral treatment of borderline personality disorder.* Guilford Press.（大野裕監訳、岩坂彰・井沢功一朗・松岡律・石井留美・阿佐美雅弘訳（2007）『境界性パーソナリティ障害の弁証法的行動療法―DBTによるBPDの治療』誠信書房）

McCullough, L. (2003) *Treating affect phobia: a manual for short-term dynamic psychotherapy.* Guilford Press.

村上雅彦（2013）「コミュニケーションモデル」日本家族研究・家族療法学会編『家族療法テキストブック＝FAMILY THERAPY』金剛出版、89-92頁

中邑賢龍・福島智編（2012）『バリアフリー・コンフリクト―争われる身体と共生のゆくえ』東京大学出版会

Nijenhuis, E., Van der Hart, O., & Steele, K. (2010) Trauma-related structural dissociation of the personality. *Activitas Nervosa Superior* 52(1), 1-23.

大河原美以・小林正幸・海老名真紀・松本裕子・吉住あさか・林豊（2000）「子どもの心理治療における見立てと方法論―エコシステミックな見立てモデルの確立に向けて」『カウンセリング研究』33巻1号、82-94頁

大河原美以（2001）「『心的外傷』と問題増幅のプロセス」『家族療法研究』18巻3号、206-211頁

大河原美以（2002a）「小学校における『きれる子』への理解と援助―教師のための心理教育という観点から」『東京学芸大学教育学部附属教育実践総合セン

ター研究紀要』26集、141-151頁

大河原美以（2002b）「臨床心理の立場から―子どもの感情の発達という視点」『こころの科学』102号、41-47頁

大河原美以（2003）「トラウマとその文脈としての家族」崎尾英子編『EMDR症例集』星和書店、14-27頁

大河原美以（2004a）『怒りをコントロールできない子の理解と援助―教師と親の関わり』金子書房

大河原美以（2004b）「連載・子どもが生きるカウンセリング技法(28)EMDR―記憶の中のトラウマを脳が再処理することを促す技法」『児童心理』810号（2004年8月号臨時増刊）、156-167頁

大河原美以監修（2008）『心が元気になる本 第1巻 イライラ、クヨクヨどうすればいいの？ 悩む・いらつく・心のしくみ』あかね書房

大河原美以（2010a）「子どもの心理的問題を見立てる枠組み」『家族療法研究』27巻3号、290-295頁

大河原美以（2010b）「家族療法とEMDRの統合の視点―関係性の改善への応用」『EMDR研究』2巻1号、27-38頁

大河原美以（2012）「児童期における解離を促すダブルバインド特性―暴力を主訴とした小学生男児の家族援助」『家族療法研究』29巻3号、278-285頁

大河原美以・平井智子・久冨香苗・金田桃子（2013）「学校への『苦情』が構成するシステム―親が子どもを愛する思いの中で」日本家族心理学会編集『家族心理学年報』31巻、115-148頁

大河原美以（2014a）「心理療法における導入の問題―子どもの問題で相談に来た親子への対応」『臨床心理事例研究　京都大学大学院教育学研究科　心理教育相談室紀要』40号、8-10頁

大河原美以（2014b）「第8章 親としての夫婦―夫婦関係が子どもの感情の育ちに与える影響」柏木惠子・平木典子編『日本の夫婦―パートナーとやっていく幸せと葛藤』金子書房、145-162頁

小野真樹（2014）「トラウマから見た子どもの発達障害―その理解と治療」『精神科治療学』29巻5号、603-608頁

坂井建雄・久光正監修（2011）『ぜんぶわかる脳の事典―部位別・機能別にわかりやすくビジュアル解説』成美堂出版

Schuder, M.R., & Lyons-Ruth, K. (2004) 'Hidden trauma' in infancy: attachment, fearful arousal, and early dysfunction of the stress response system.

Osofsky, Joy D.(ed.) *Young children and trauma: intervention and treatment.* Guilford Press, pp.69-104.

Shapiro, F. (2001) *Eye Movement Desensitization and Reprocessing: basic principles, protocols, and procedures.*(2nd ed.) Guilford Press.（市井雅哉監訳（2004）『EMDR―外傷記憶を処理する心理療法』二瓶社）

Shelley, U. (2013) The neurobiology of trauma and EMDR processing: part 1 the neurobiology of trauma made simple. The Handout of EMDRIA Annual Meeting 2013 in Austin.

白川美也子（2005）「子ども虐待による長期の影響」『治療』87巻12号、3200-3207頁

Siegel, D.J. (2010) *Mindsight: the new science of personal transformation.* Bantam.

Stern, D.N. (1985) *The interpersonal world of the infant: a view from psychoanalysis and developmental psychology.* Basic Books.（小此木啓吾・丸田俊彦監訳（1989）『乳児の対人世界　理論編』岩崎学術出版社）

田村祐子（2011）「Brain Gym®（ブレインジム）というアプローチ」『こころの臨床á la carte』30巻4号、423-428頁

Van der Hart, O., Nijenhuis, E., Steele, K., & Brown, D. (2004) Trauma-related dissociation: conceptual clarity lost and found. *Australian and New Zealand Journal of Psychiatry* 38(11-12), 906-914.

Van der Kolk, B.A. (2005) Developmental trauma disorder: toward a rational diagnosis for children with complex trauma histories. *Psychiatric Annals* 35(5), 401-408.

Wátzlawick, P., Weakland, J.H., & Fisch, R. (1974) *Change : principles of problem formation and problem resolution.* W. W. Norton.（長谷川啓三訳（1992）『変化の原理―問題の形成と解決』法政大学出版局）

Wesselmann, D., Schuweitzer, C., & Armstrong, S. (2013) *Integrative parenting: strategies for raising children affected by attachment trauma.* W. W. Norton.

Zielenziger, M. (2006) *Shutting out the sun: how Japan created its own lost generation.* Nan A. Talese/Doubleday.（河野純治訳（2007）『ひきこもりの国―なぜ日本は「失われた世代」を生んだのか』光文社）

家族療法の参考文献

R・フィッシュ、J・H・ウィークランド、L・シーガル著、鈴木浩二・鈴木和子監修、岩村由美子・渋沢田鶴子・鈴木浩二・鈴木和子訳（1986）『変化の技法―MRI短期集中療法』金剛出版

リン・ホフマン著、亀口憲治訳（1986）『システムと進化―家族療法の基礎理論』朝日出版社

M・S・パラツォーリ、L・ボスコロ、G・チキン、G・プラータ著、鈴木浩二監訳、志村宗生・志村由美子・三浦敏子・篠木満訳（1989）『逆説と対抗逆説』星和書店

P・ワツラウィック、J・H・ウィークランド、R・フィッシュ著、長谷川啓三訳（1992）『変化の原理―問題の形成と解決』法政大学出版会

東豊（1993）『セラピスト入門―システムズアプローチへの招待』日本評論社

吉川悟（1993）『家族療法―システムズアプローチの〈ものの見方〉』ミネルヴァ書房

中村伸一（1997）『家族療法の視点』金剛出版

ポール・ワツラヴィック、ジャネット・ヘヴン・バヴェラス、ドン・ジャクソン著、山本和郎監訳、尾川丈一訳（1998）『人間コミュニケーションの語用論―相互作用パターン、病理とパラドックスの研究』二瓶社

平木典子（1998）『家族との心理臨床―初心者のために』垣内出版

吉川悟編（1999）『システム論からみた学校臨床』金剛出版

ハーレーン・アンダーソン著、野村直樹・青木義子・吉川悟訳（2001）『会話・言語・そして可能性―コラボレイティヴとは？セラピーとは？』金剛出版

十島雍蔵（2001）『家族システム援助論』ナカニシヤ出版

日本家族研究・家族療法学会編（2003）『臨床家のための家族療法リソースブック―総説と文献105』金剛出版

日本家族研究・家族療法学会編（2013）『家族療法テキストブック＝FAMILY THERAPY』金剛出版

大河原美以（おおかわら・みい）

2021年4月より「大河原美以心理療法研究室」室長（https://mii-sensei.com）。元東京学芸大学教授。臨床心理士・公認心理師、博士（教育学）。1982年東北大学文学部哲学科卒業。児童福祉施設の児童指導員として勤務ののち、1993年筑波大学大学院修士課程教育研究科修了。専門は、親子の心理療法・家族療法・EMDR療法。

著書に『ちゃんと泣ける子に育てよう―親には子どもの感情を育てる義務がある』（河出書房新社、2006年）、『子どもの「いや」に困ったとき読む本』（大和書房、2016年）、『子育てに苦しむ母との心理臨床―EMDR療法による複雑性トラウマからの解放』（日本評論社、2019年）、『いやな気持ちは大事な気持ち』（日本評論社、2021年）などがある。

子どもの感情コントロールと心理臨床

2015年7月10日　第1版第1刷発行
2021年10月30日　第1版第7刷発行

著　者――大河原美以

発行所――株式会社　日本評論社
　　　　〒170-8474　東京都豊島区南大塚3-12-4
　　　　電話 03-3987-8621（販売）-8598（編集）　振替 00100-3-16

印刷所――港北出版印刷株式会社

製本所――株式会社　難波製本

装　幀――大村麻紀子

検印省略　© 2015 Okawara, M.
ISBN 978-4-535-56321-6　Printed in Japan

JCOPY 〈(社)出版者著作権管理機構 委託出版物〉

本書の無断複写は著作権法上での例外を除き禁じられています。複写される場合は、そのつど事前に、(社)出版者著作権管理機構（電話 03-5244-5088、FAX 03-5244-5089、e-mail: info@jcopy.or.jp）の許諾を得てください。
また、本書を代行業者等の第三者に依頼してスキャニング等の行為によりデジタル化することは、個人の家庭内の利用であっても、一切認められておりません。

子育てに苦しむ母との心理臨床
EMDR療法による複雑性トラウマからの解放
大河原美以[著]

子育て困難は「人格の問題」ではなく「過去の記憶の問題」である。6人の母の物語から虐待・トラウマ・愛着障害の臨床の真髄を学ぶ。
■A5判 ■定価2,200円（税込）

複雑性トラウマ・愛着・解離がわかる本
アナベル・ゴンザレス[著]
大河原美以[監訳]

「子ども時代の傷つき」により、どのように「大人の心の問題」が生じるのか？　その回復過程は？　専門用語を使わず丁寧に解説。
■A5判 ■定価2,640円（税込）

いやな気持ちは大事な気持ち
大河原美以[作]　**山本実玖**[絵]

怒りをコントロールできない子、よい子なのにいじめをしてしまう子——そんな子どもたちを救うための心理教育絵本。スクールカウンセラー必携！
■A5判 ■定価2,090円（税込）

日本評論社
https://www.nippyo.co.jp/